(第三版)

XINBIAN ERP SHAPAN
MONI ZHIDAO JIAOCHENG

新编ERP沙盘模拟指导教程

赵 璐 主编

西南财经大学出版社
中国 · 成都

图书在版编目(CIP)数据

新编 ERP 沙盘模拟指导教程/赵璐主编 .—3 版 .—成都:西南财经大学出版社,2021. 1

ISBN 978-7-5504-4768-4

Ⅰ.①新… Ⅱ.①赵… Ⅲ.①企业管理—计算机管理系统—高等学校—教材 Ⅳ.①F272. 7

中国版本图书馆 CIP 数据核字(2021)第 000858 号

新编 ERP 沙盘模拟指导教程(第三版)

赵 璐 主编

策划编辑:冯 梅

责任编辑:陈佩妮

封面设计:墨创文化 张姗姗

责任印制:朱曼丽

出版发行	西南财经大学出版社(四川省成都市光华村街 55 号)
网　　址	http://www.bookcj.com
电子邮件	bookcj@foxmail.com
邮政编码	610074
电　　话	028-87353785
照　　排	四川胜翔数码印务设计有限公司
印　　刷	郫县犀浦印刷厂
成品尺寸	185mm×260mm
印　　张	12.75
字　　数	252 千字
版　　次	2021 年 1 月第 3 版
印　　次	2021 年 1 月第 1 次印刷
印　　数	1— 3000 册
书　　号	ISBN 978-7-5504-4768-4
定　　价	36.00 元

前言

ERP 沙盘模拟课程和以往传统的教学方式及案例教学方式不同，是一种新的角色扮演式的教学方式。通过把企业的经营管理和用友沙盘相结合的方式，由受训者扮演企业管理中的不同角色，模拟企业的日常经营管理过程，既能让受训者全面掌握理论知识，又可以充分调动受训者学习的主动性。传统的教学方式枯燥乏味，往往会出现理论与实际相脱节的情况。而 ERP 沙盘模拟课程生动有趣，通过角色扮演，让每一个受训者身临其境，感受市场竞争的精彩与残酷，既培养了受训者的团队合作意识，又提高了受训者的综合素质。

本教材根据应用型商科类院校的培养目标和学生的实际情况编写，是“ERP 沙盘模拟”课程的配套教材。教材结构合理，内容简明扼要、浅显实用，适用于初次接触 ERP 沙盘模拟课程的受训者。教材具有以下特点：

1. 模拟实战

本教材模拟企业经营的实际情况，以真实的经营资料作为 ERP 沙盘模拟的教学资料，让受训者通过操作获得真实感，真正了解企业经营运作的方式。体验式学习可以让受训者学会收集信息并在将来应用于实际工作中。

2. 团队合作

本教材注重团队合作。通过本教材的学习，受训者不光要学习商业规则和财务知识，更要学会如何进行沟通，学会如何以团队的方式工作。

3. 看得见，摸得着

本教材剥开经营理念的复杂外表，直探经营本质。本教材将企业结构和管理的操作全部展示在模拟沙盘上，将复杂、抽象的经营管理理论以最直观的方式让受训者体验、学习。完整生动的视觉感受将极为有效地激发受训者的学习兴趣，增强学习能力。在课程结束时，受训者对所学的内容理解更透，记忆更深。

4. 想得到，做得到

本教材把平日工作中尚存疑问的地方带到课程中印证，在数周的课程中，模拟企业 6 年的全面经营管理，使受训者有充足的自由来尝试企业经营的重大决策，并且能够直接看到结果。在现实工作中他们可能在相当长的时间里没有这样的体验机会。

5. 物理沙盘+电子沙盘

本教材包含了用友新道物理沙盘、用友新道创业者电子沙盘和浙江精创电子沙盘的详细操作指导，适合选择上述沙盘的受训者学习。

6. 添加二维码，拓展教学内容

本教材在相关知识点旁添加二维码，学生可通过扫描二维码方式获得更多教学内容，包括知识点内容的扩展、沙盘操作教学视频、沙盘实战经验分享等，拓展了学生视野，提高了教学质量。二维码扫描方式也更容易被学生接受，能够取得更好的学习效果。

本教材由兰州财经大学长青学院会计学系副教授赵璐编写。在教材编写过程中，笔者参考引用了大量文献，得到了兰州财经大学会计学院、兰州财经大学长青学院领导的大力支持，也得到了用友新道公司、浙江精创教育的支持和帮助，在此一并致谢！由于时间和水平有限，书中难免有疏漏之处，恳请读者批评指正。

赵 璐

2020 年 6 月

目 录

第一章　ERP 沙盘模拟课程简介

在军事题材的电影、电视作品中，我们常常看到指挥员们站在一个地形模型前研究作战方案。这种根据地形图、航空相片或实地地形，按一定的比例关系，用泥沙、兵棋和其他材料堆制的模型就是沙盘。沙盘可以清晰地模拟真实的地形地貌，让决策者如同亲临现场，更好地掌控全局，运筹帷幄。ERP 沙盘模拟课程同样利用实物沙盘，直观、形象地展示了企业的内、外部资源。ERP 沙盘模拟课程作为一种体验式的教学方式，是经济管理类专业学生必修的综合实践课程。

第一节　什么是 ERP 沙盘模拟

ERP（enterprise resources planning），即企业资源计划。企业资源包括了厂房、设备、物资、资金、人员、客商关系等。企业资源计划的本质是如何利用有限的资源合理组织生产，力求做到利润最大、成本最低。

ERP 沙盘模拟课程是针对代表先进的现代企业经营与管理技术设计的角色体验的实验平台。它模拟了企业的战略规划、投资筹资、市场营销、产品研发、生产组织、物资采购、财务核算管理等日常经营管理活动，并以此为设计主线，将模拟制造企业的职能部门划分成职能中心，包括营销与规划中心、生产中心、物流中心和财务中心。ERP 沙盘模拟课程一般提供六组沙盘盘面，将受训者组成 6 个相互竞争的模拟企业，按照给定的经营管理规则，在虚拟市场中展开竞争。通过模拟企业 6 年的经营，使受训者在分析市场、制订战略、营销策划、组织生产、财务管理等一系列活动中，更加深刻地领悟管理规律，提高管理素质。

第二节 ERP 沙盘模拟课程价值分析

一、多方位拓展知识体系

ERP 沙盘模拟实验课程通过对企业经营管理的全方位展现，结合模拟体验，可以使受训者在以下几方面获益：

1. 战略管理

成功的企业一定有着明确的企业战略，包括产品战略、市场战略、竞争战略及资金运用战略等。从最初的战略制定到最后的战略目标达成分析，经过几年的模拟，经历迷茫、挫折、探索，受训者将学会用战略的眼光看待企业的经营与管理，保证业务与战略的一致，在未来的工作中更多地获取战略性成功而非机会性成功。

2. 营销管理

市场营销就是企业用价值不断来满足客户需求的过程。企业所有的行为、资源，无非是要满足客户的需求。模拟企业几年中的市场竞争对抗，受训者将学会如何分析市场、关注竞争对手、把握消费者需求、制定营销战略、定位目标市场，制订并有效实施销售计划，最终达成企业战略目标。

3. 生产管理

ERP 沙盘模拟实验课程把企业的采购管理、生产管理、质量管理统一纳入生产管理领域，新产品研发、物资采购、生产运作管理、品牌建设等一系列问题背后的一系列决策问题就自然地呈现在了受训者面前，它跨越了专业分隔、部门壁垒。受训者将充分运用所学知识，积极思考，在不断的成功与失败中获取新知。

4. 财务管理

在沙盘模拟过程中，团队成员将清晰掌握资产负债表、利润表的结构；掌握资本流转如何影响损益；解读企业经营的全局；预估长短期资金需求，以最佳方式筹资，控制融资成本，提高资金使用效率；理解现金流对企业经营的影响。

5. 人力资源管理

从岗位分工、职位定义、沟通协作、工作流程到绩效考评，沙盘模拟中每个团队经过初期组建、短暂磨合，都会逐渐形成团队默契，直至完全进入协作状态。在这个过程中，各自为战导致的效率低下，无效沟通引起的争论不休，职责不清导致的秩序混乱等情况，均可以使受训者深刻地理解局部最优不等于总体最优的道理，学会换位思考，使其明确只有在组织的全体成员有着共同愿景、朝着共同的绩效目标、遵守相应的工作规范、彼此信任和支持的氛围下，企业才能取得成功。

6. 信息管理的思维方式

通过 ERP 沙盘模拟实验课程，使受训者真切地体会构建企业信息系统的紧迫性。企业信息系统如同飞行器上的仪表盘，能够时刻跟踪企业运行状况，对企业业务运行过程进行控制和监督，及时为企业管理者提供丰富的可用信息。通过沙盘信息化体验，受训者可以感受企业信息化的实施过程及关键点，从而合理规划企业信息管理系统，为企业信息化做好观念和能力上的铺垫。

二、全面提高受训者的综合素质

ERP 沙盘模拟作为企业经营管理仿真教学系统还可以用于综合素质训练，使受训者在以下方面获益：

1. 树立共赢理念

市场竞争是激烈的，也是不可避免的，但竞争并不意味着你死我活。寻求与合作伙伴之间的双赢、共赢才是企业发展的长久之道。这就要求企业知己知彼，在市场分析、竞争对手分析上做足文章，在竞争中寻求合作，企业才会有无限的发展机遇。

2. 全局观念与团队合作

通过 ERP 沙盘模拟实验课程的学习，受训者可以深刻体会团队协作精神的重要性。在企业运营这样一艘大船上，首席执行官（CEO）当舵手、首席财务官（CFO）保驾护航、营销总监冲锋陷阵……在这里，每一个角色都要以企业总体最优为出发点，各司其职、相互协作，才能赢得竞争、实现目标。

3. 保持诚信

诚信是一个企业的立足之本，发展之本。诚信原则在 ERP 沙盘模拟实验课程中体现为对“游戏规则”的遵守，如市场竞争规则、产能计算规则、生产设备购置以及转产等具体业务的处理规则。保持诚信是受训者立足社会、发展自我的基本素质。

4. 个性与职业定位

每个个体因为拥有不同的个性而存在，这种个性在 ERP 沙盘模拟实验中会显露无遗。在分组对抗中，有的小组轰轰烈烈，有的小组稳扎稳打，还有的小组不知所措。虽然个性特点与胜任角色有一定关联度，但在现实生活中，很多人并不是因为“爱一行”才“干一行”的，更多的情况是需要大家“干一行”就“爱一行”的。

5. 感悟人生

在市场的残酷与企业经营风险面前，是轻言放弃还是坚持到底，这不仅是一个企业可能面临的问题，更是我们在人生中不断需要抉择的问题，经营自己的人生与经营一个企业具有一定的相通性。

第三节 沙盘模拟教学的环节

一、盘面结构介绍

ERP 沙盘模拟课程的操作是在沙盘盘面上进行的，每张沙盘代表一个模拟企业。各模拟企业每年的经营管理活动最终都会体现在盘面上。盘面按照制造企业的职能部门划分了相应的职能中心，包括营销与规划中心、生产中心、物流中心和财务中心。各职能中心模拟了制造企业经营管理的所有环节（战略规划、投资筹资、市场营销、产品研发、生产组织、物资采购、财务核算管理等），如表 1-1 所示。

表 1-1 盘面说明

职能中心	关键运营环节	主要职能	简要说明	备注
营销与规划中心	战略规划 市场营销	市场开拓规划	确定需要开发的市场，市场开拓完成后方可在该市场销售	本地市场、区域市场、国内市场、亚洲市场、国际市场，开拓完成领取市场准入证
		产品研发规划	确定需要研发的产品，产品研发完成后方可进行生产	P1、P2、P3、P4 产品，研发完成领取产品生产资格证
		ISO 认证规划	确定企业需要的认证资格，认证完成后方可使用该资格	1SO9000、ISO14000，认证完成领取相应资格证
生产中心	生产组织	厂房	大厂房、小厂房各一，大厂房可放置 6 条生产线、小厂房可放置 4 条生产线	厂房价值在厂房右上角处表示
		生产线	生产线有手工线、半自动线、全自动线、柔性线，不同的生产线生产周期和灵活性不同	生产线价值在生产线下方“生产线净值”处表示
		产品标识	四种标识：P1 产品、P2 产品、P3 产品、P4 产品	表示某条生产线正在生产的产品

表1-1(续)

职能中心	关键运营环节	主要职能	简要说明	备注
物流中心	采购管理 库存管理	采购提前期	表示采购原材料需要提前下订单的周期	提前一个季度采购 R1、R2 原料；提前两个季度采购 R3、R4 原料
		原材料库存	4 个原料库分别表示 4 种库存原料的价值	四种原料（R1、R2、R3、R4）每个价值 1M
		原材料订单	代表和供应商签订的订货合同	用空桶表示订货合同
		成品库存	表示存放中尚未销售的产品	分别存放在各自产品库中（P1 产品库、P2 产品库、P3 产品库、P4 产品库）
财务中心	会计核算 财务管理	现金	用灰色的塑料币表示现金，每个 1M	于空桶中放置灰币
		银行借款	银行借款包括长期借款、短期借款和高利贷	用空桶表示借款，每桶 20M
		应收账款	用装有现金的桶表示应收账款	
		应付账款	用空桶表示应付账款	
		综合费用	将企业发生的各项费用放置于相应区域	

二、课程设计

1. 组织准备工作

组织准备工作是 ERP 沙盘模拟的首要环节。主要内容包括 3 项：首先是受训者分组，每组一般 5~6 人，这样全部受训者就组成了 6 个相互竞争的模拟企业（为简化起见，可将 6 个模拟企业依次命名为 A 组、B 组、C 组、D 组、E 组、F 组），然后进行每个角色的职能定位，明确企业组织内每个角色的岗位责任，一般分为总经理（chief executive officer）、财务主管（chief financial officer）、生产主管（production manager）、营销主管（marketing & sales manager）、采购主管（purchasing & supply manager）等主要角色。当人数较多时，还可以适当增加商业间谍、财务助理等辅助角色。在几年的经营过程中，可以让受训者进行角色互换，从而体验角色转换后考虑问题的出发点的相应变化，也就是学会换位思考。特别需要提醒的是，要做到诚信和亲历亲为。诚信是企业的生命，是企业生存之本。在企业经营模拟过程中，不要怕犯错误，学习的目的就是为了发现问题，而应努力寻求解决问题的手段。在学习过程中，谁犯的错误越多，谁的收获也就越大。

2. 基本情况描述

对企业经营者来说，接手一个企业时，需要对企业有一个基本的了解，包括股东期望、企业目前的财务状况、市场占有率、产品、生产设施、盈利能力等。基本情况描述以企业起始年的两张主要财务报表（资产负债表和利润表）为基本索引，逐项描述了企业目前的财务状况和经营成果，并对其他相关方面进行补充说明。

3. 市场规则与企业运营规则

企业在一个开放的市场环境中生存，企业之间的竞争需要遵循一定的规则。综合考虑，本书将市场竞争及企业运营所涉及的方方面面简化为以下八个方面的约定：

（1）市场划分与市场准入；

（2）销售会议与订单争取；

（3）厂房购买、出售与租赁；

（4）生产线购买、转产与维修、出售；

（5）产品生产和原材料采购；

（6）产品研发与质量、管理体系认证；

（7）融资贷款与贴现；

（8）综合费用与折旧、税金。

4. 初始状态

ERP 沙盘模拟不是从企业的创建开始，而是接手一个已经运营了三年的企业。虽然受训者已经从基本情况描述中获得了企业运营的基本信息，但还需要把这些枯燥的数字活生生地再现到沙盘盘面上，由此为企业下一步的运营做好铺垫。通过初始状态设定，可以使受训者深刻地感觉到财务数据与企业业务的直接相关性，理解财务数据是对企业运营情况的一种总结提炼，为今后“透过财务看经营”做好观念上的准备。

5. 企业经营竞争模拟

企业经营竞争模拟是 ERP 沙盘模拟的主体部分，按企业经营年度展开。经营伊始，受训者通过商务周刊发布市场预测资料，对每个市场每个产品的总体需求量、单价、发展趋势做出有效预测。每一个企业组织在市场预测的基础上讨论企业战略和业务策略，在 CEO 的领导下按一定程序开展经营，做出所有重要事项的经营决策，决策的结果会从企业经营结果中得到直接体现。

6. 现场案例解析

现场案例解析是 ERP 沙盘模拟实验课程的精华所在。每一年的经营下来，企业管理者都要对企业的经营结果进行分析，深刻反思成在哪里？败在哪里？竞争对手情况如何？是否需要对企业战略进行调整？结合课堂整体情况，找出大家普遍困惑的问题，对现场出现的典型案例进行深层剖析，用数字说话，可以让受训者感悟管理知识与管理实践之间的距离。

三、教师角色

在 ERP 沙盘模拟课程的教学过程中，教师扮演引导的角色，在课程进行的不同阶段，教师的角色不断发生变化，从而引导课程的顺利进行。教师扮演的角色如表 1-2 所示。

表 1-2 不同阶段教师扮演的角色

课程阶段	具体任务	教师角色	学生角色
组织准备工作	—	引导者	认领角色
基本情况描述	—	企业原管理层	新任管理层
企业运营规则	—	企业原管理层	新任管理层
初始状态设定	—	引导者	新任管理层
企业经营模拟	制定战略	商务、媒体信息发布	角色扮演
	融资	股东、银行、高利贷	角色扮演
	订单争取	客户	角色扮演
	购买原材料、下原料订单	供应商	角色扮演
	流程监督	审计	角色扮演
	规则确认	咨询服务	角色扮演
企业经营分析	—	财务管理分析人员	角色扮演

第二章　模拟企业概况

从现在开始，将有一家企业交由你来管理，你一定很想了解即将接手的是怎样的一个企业，你在企业中将担任什么样的职务，从事哪些工作，企业目前的财务状况如何，盈利能力怎么样等。本章将以这些问题为基础，简要介绍模拟企业的基本概况。

第一节　模拟企业简介

该企业是一家以生产和经营 P 系列产品为主的制造企业。企业正处在发展上升期，拥有一间大厂房，该厂房可以容纳 6 条生产线，其中已经安装有 3 条手工生产线和 1 条半自动生产线，目前运行状态良好。企业所有的生产线目前都只生产 P1 产品，P1 产品也只在本地市场上进行销售，销售状况良好，有一定知名度，且客户满意度较高。

一、企业目前的财务状况

企业的财务状况披露于资产负债表中。资产负债表是反映企业一定时期财务状况（即资产、负债及所有者权益）的会计报表，通过对资产负债表的解读，我们可以了解企业的资本结构，分析、评价企业的短期偿债能力和长期偿债能力，评估企业的经营业绩。

在“ERP 沙盘模拟”课程中，我们按照课程实际情况，对标准资产负债表从结构上进行了相应的简化。企业上年度简易资产负债表如表 2-1 所示。

表 2-1　简易资产负债表

资 产 负 债 表 编报单位：百万元			
资产	期末数	负债和所有者权益	期末数
流动资产：		负债：	
库存现金	20	长期负债	40
应收账款	15	短期负债	

表2-1(续)

资产	期末数	负债和所有者权益	期末数
在制品	8	应付账款	—
产成品	6	应交税费	1
原材料	3	一年内到期的长期负债	—
流动资产合计	52	负债合计	41
固定资产：		所有者权益：	
土地和建筑物	40	股东资本	50
机器和设备	13	利润留存	11
在建工程	—	年度净利	3
固定资产合计	53	所有者权益合计	64
资产总计：	105	负债和所有者权益总计：	105

二、企业目前的经营成果

企业一定时期的经营成果用企业所取得的利润来表示，反映在另一张重要会计报表利润表（又称损益表）中。利润表根据“收入-费用=利润”的基本关系来编制，是收入、费用和利润要素内容的具体体现。

在“ERP 沙盘模拟”课程中，我们按照课程实际情况，对标准利润表从结构上进行了相应的简化。企业上年度利润表如表 2-2 所示。

表 2-2　简易利润表

利 润 表 编报单位：百万元		
项目	本期数	对应利润表项目
销售收入	36	主营业务收入
直接成本	14	主营业务成本
毛利	22	主营业务利润
综合费用	9	营业费用、管理费用
折旧前利润	13	—
折旧	5	—
支付利息前利润	8	营业利润
财务收入/支出	4	财务费用
其他收入/支出	—	营业外收入/支出
税前利润	4	利润总额
所得税	1	所得税
净利润	3	净利润

第二节　接手新企业

在“ERP 沙盘模拟”课程中，我们接手的不是新成立的企业，而是已经正常运转了三年的企业。从企业利润表中可以看出，上年度企业盈利 300 万元，增长速度有所放缓。这和企业生产线效率低（多为手工线），设备陈旧，产品、市场单一（目前只有 P1 产品和本地市场）等因素有关。鉴于此，公司董事会希望将企业交给优秀的新人去发展。他们希望新的管理层能够更新生产线、研发新产品、开拓新市场、扩大生产规模、提高生产线效率，抓住机遇，把企业带入高速发展的新阶段。产品和市场如图 2-1 所示。

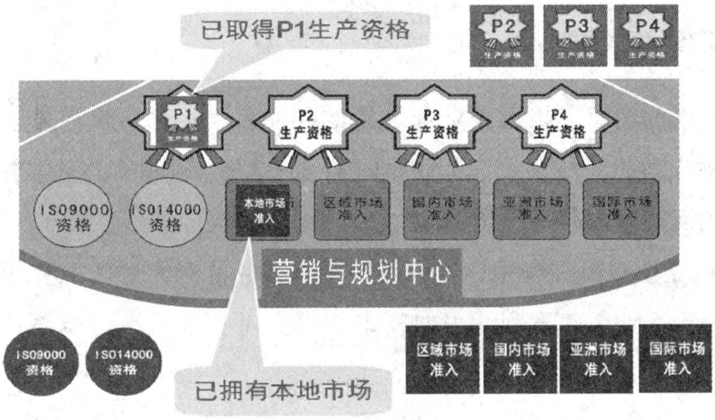

图 2-1　产品和市场

企业经营管理涉及方方面面的问题，比如如何制定战略，如何进行市场营销，如何组织采购和生产，如何做好财务管理等。在企业管理过程中，这些工作职能由不同的业务部门履行，各部门互相协同，共同实现企业目标。

一、组织结构

良好的企业组织结构是企业正常运转的前提条件，任何企业都需要按照自己的实际情况选择适合自己的组织结构。在“ERP 沙盘模拟”课程中，采用简化的组织结构，由几个主要角色代表企业组织，包括总经理、营销主管、生产主管、采购主管、财务主管。一般教学按 5~6 人一组，组成一个企业，每个学员扮演不同角色。熟悉每个角色的工作内容，是我们首先需要考虑的问题。各岗位职能如图 2-2 所示。

总经理	财务主管	营销主管	生产主管	供应主管
·制定发展战略	·日常财务记账和登账	·市场调查分析	·产品研发管理	·编制采购计划
·竞争格局分析	·向税务部门报税	·市场进入策略	·管理体系认证	·供应商谈判
·经营指标确定	·提供财务报表	·品种发展策略	·固定资产投资	·签订采购合同
·业务策略制定	·日常现金管理	·广告宣传策略	·编制生产计划	·监控采购过程
·全面预算管理	·企业融资策略制定	·制订销售计划	·平衡生产能力	·到货验收
·管理团队协同	·成本费用控制	·争取定单与谈判	·生产车间管理	·仓储管理
·企业绩效分析	·资金调度与风险管理	·签订全同与过程控制	·产品质量保证	·采购支付决择
·业绩考评管理	·财务制度与风险管理	·按时发货应收款管理	·成品库存管理	·与财务部协调
·管理授权与总结	·财务分析与协助决策	·销售绩效分析	·产品外协管理	·与生产部协同

图 2-2　岗位职能

1. 总经理

企业的所有重要决策都是由总经理带领团队成员共同决定的。如果团队意见有分歧，观点对立，则必然导致管理效率下降，互相推诿。总经理的工作，就是要带领整个团队树立共同的目标，做出企业级的重要决策。同时，总经理要做好各职能岗位的考核，监督各职能岗位的具体工作。各职能岗位的考核标准如表 2-3 所示。

表 2-3　企业各职能岗位考核标准

岗　位	考 评 项 目	考 评 标 准
总经理	运行记录	台账正确、及时、完整
	目标制定与达成	经营目标制定及业绩达成相一致
	流程控制	保证企业经营流程顺畅
	管理授权与考评	授权合理、分配合理
	能力建设与团队管理	注重人员能力提升，团队协作高效
营销主管	运行记录	台账正确、及时、完整
	市场分析与销售预测	分析报告、销售计划与执行
	广告投放	广告投放合理
	按时交货给客户	按时交货
	应收账款管理	及时催收应收账款
生产主管	运行记录	台账正确、及时、完整
	生产计划制订与执行	开工计划及执行，保证供货
	产能计算	及时提供准确的产能数据
	产品研发与设备投资	投资时机把握，投资过程管理
	生产成本控制	正确核算生产成本

表2-3(续)

岗　位	考评项目	考评标准
采购主管	运行记录	台账正确、及时、完整
	采购计划制订	制订与生产计划匹配的采购计划
	采购计划执行管理	及时下订单、收料付款
	保证物料供应	保证生产所需物料供应
	原料库存管理	零库存理念
财务主管	运行记录	台账正确、及时、完整
	现金预算与计划执行	制订与业务匹配的资金计划，不出现资金缺口
	财务报告	及时准确
	融资管理	融资方式合理、低成本
	费用/折旧管理	正确计算并支付各项费用

2. 营销主管

产品销售给企业带来利润，销售的实现对企业的生存发展至关重要，故营销主管的作用不言而喻。销售的实现，涉及产品、市场、广告等一系列的因素。营销主管主要的工作是市场开拓、订单争取。

（1）市场开拓。

市场是企业产品营销的场所。谁赢得市场，谁就赢得竞争。作为营销主管，既要保证现有市场的稳定发展，又要考虑新市场的开拓及开拓的时机，从而争取更大的市场空间，实现销售的增长。

（2）订单争取。

客户订单决定企业的生产，争取到更多的订单意味着实现更多的销售。企业的市场地位、广告投放量、市场需求情况、企业间的竞争等因素都会影响订单的争取。作为营销主管，应当结合市场预测和客户需求制订销售计划，根据企业市场地位、市场需求、竞争态势决定广告投放量，取得和企业生产能力相匹配的客户订单；及时和生产部门沟通，保证按时交货，监督货款回收，改善客户关系。

营销主管除了常规工作外，还可以充当商业间谍的角色，了解其他企业的产品构成、市场开拓动向、销售情况，从而做到知己知彼，百战不殆。

3. 生产主管

生产主管主要负责企业生产的正常运行，生产线的更新改造与生产设备的维护，产成品的管理，产品的研发等工作。生产主管是生产部门的核心人物，管理企业的一切生产活动，并对企业的生产活动和产品负责。生产主管既是生产计划的制订者和决策者，又是生产过程的监控者，对企业目标的实现负有重大责任。

生产主管的工作内容主要有制订生产计划，组织、计划、指导、控制和协调生产过程中的各种活动和资源，建立完善的生产流程，提高生产效率，组织建立健全质量管理体系，建立和完善质量管理目标负责制，随时掌握生产过程中的质量状态，协调各部门之间的沟通与合作，及时解决生产过程中出现的问题，贯彻落实企业成本控制目标，在确保产能和质量的基础上不断降低生产成本，做好生产设备维护工作，确保生产的正常开展，不断改进生产工艺，引进新技术、新设备，满足客户更高的要求。

4. 采购主管

采购是企业生产活动的起点。采购主管主要负责原料的采购和日常管理，确保生产的顺利进行。采购主管需要编写采购计划，分析市场中各种物资的供求变化情况，确保原料的质量和价格，确保企业生产得到充分保障。

在“ERP 沙盘模拟”课程中，采购主管需要结合生产计划和产品生产周期等因素，计算并编制采购计划，确保不会出现“停工待料”等重大问题。

5. 财务主管

财务与会计在企业中有着不同的目标和工作内容。会计主要负责日常现金的收支管理，定期检查企业的经营状况，核算企业的经营成果，及时报送企业的财务报表，制定预算和做好成本的分类分析，定期进行对账工作，确保账实相符；财务主要负责企业资金的筹集和管理，采用经济有效的方式筹资从而有效控制资金成本，做好现金预算，把企业的每一分钱都用在刀刃上。

在“ERP 沙盘模拟”课程中，财务与会计的职能归并到财务主管，其主要工作是管好企业的现金流，按需支付各项费用，核算成本，选择筹资方式，控制资金成本，记录日常的现金收支情况，编制产品核算统计表、综合费用明细表、利润表和资产负债表。

二、企业战略规划

1. 什么是战略

企业战略规划是指依据企业外部环境和自身条件的状况及其变化来制定和实施战略，并根据对实施过程与结果的评价和反馈进行调整，从而制定新战略的过程。一个完整的战略规划必须是可执行的，它包括两项基本内容：企业发展方向和企业资源配置策略。换句话说，企业战略就是企业根据外部环境和企业现有的资源和能力，做出长远的、系统的和全局性的谋划，从而使企业得以长期生存和稳定发展。

2. 企业战略的内容

一个完整的企业战略应当包含以下几个方面的内容：

（1）外部环境与内部条件分析。

企业所处的外部环境为整个社会。社会各种因素的变化，都会直接或间接的、或大或小的对企业产生作用和影响。根据外部环境对企业影响的直接程度，一般可以将其分为间接环境和直接环境。间接环境是指对企业产生间接影响的宏观环境，它通过作业环境起作用；直接环境是指对企业的生产经营活动产生直接影响的行业环境。

企业的内部条件分析，首先是客观、准确的评价现有资源和能力，然后参照企业的发展战略找到它们与未来的竞争目标之间存在的差距，不断充实和提高自身拥有的资源及能力。每一个企业都有自己的长处和不足，战略管理需要充分发挥和不断加强自己的优势所在，使之符合某一行业成功的关键因素。

通过 SWOT 分析可以确定企业自身的竞争优势（strength）、竞争劣势（weakness）、机会（opportunity）和威胁（threat），从而将企业的战略与企业内部资源、外部环境有机地结合起来。SWOT 分析可以帮助企业在做新业务前分析是否会充分发挥优势而避免劣势，从而降低企业的经营风险和投资风险。SWOT 分析模型如图 2-3 所示。

优势（S）	机会（O）
劣势（W）	挑战（T）

图 2-3　SWOT 分析模型

扫一扫了解更多

（2）战略目标。

战略目标是对企业战略经营活动预期取得的主要成果的期望值。战略目标的设定，是企业宗旨的展开和具体化，是对企业宗旨中确认的企业经营目的、社会使命的进一步阐明和界定，也是企业在既定的战略经营领域展开战略经营活动所要达到的水平的具体规定。

由于战略目标是企业使命和功能的具体化，一方面有关企业生存的各个部门都需要有目标；另一方面，目标还取决于个别企业的不同战略。因此，企业的战略目标是多元化的，既包括经济目标，又包括非经济目标；既包括定性目标，又包括定量目标。尽管如此，各个企业需要制定目标的领域却是相同的，所有企业的生存都取决于同样的一些因素，主要包括：市场方面的目标、技术改进和发展方面的目标、提高生产力方面的目标、利润方面的目标、人力资源方面的目标、物资和金融资源方面的目标等。

（3）经营方向。

经营方向指明了企业可以在哪些领域提供什么样的产品以及在未来一定时期内决定进入或者退出、决策支持或者限制的某些业务领域。企业的经营方向确定了企业活动的界限。

（4）经营策略。

经营策略是企业在竞争的环境中考量自身的优劣，据以形成优势和创造生存与发展空间所采取的反应。

经营策略不能一成不变，必须随内部条件、外部环境的变动而调整。管理也必须依据企业的体质，在不同的阶段采取不同的管理模式。在世界大环境瞬息万变的时代，以变应变，随时调整服务于经营战略的经营策略是经营管理的真谛。由此可见，所谓经营策略，就是在企业经营管理中，为了实现某一经营目标，在一定的市场环境条件下，所有可能实现经营目标采取的行动及其行动方针，方案和竞争方式，均可称为经营策略。它规定了在一种可能遇见和可能发生的情况下，应该采取的行动。

由于经营策略活动是一项艰巨的用脑活动和理性思考的创造性活动，正确运用经营策略要满足三个条件：一是要按顺序采取行动，那种以后不能修改或遵循的，以不变应万变的行动，不能称为经营策略；二是未来将会出现的情况是不确定的，如果可能发生的情况是确定的，就不必制定经营策略了；三是发生情况的不确定性随着信息的获取而减少，要及时对不确定事物的信息做出反应。

（5）实施步骤。

实施步骤将企业的战略目标规划成不同的阶段，每个阶段需要完成相应的阶段目标。战略目标本身是一个立足于长远发展的目标，因此实施的过程需要循序渐进。分阶段实施目标，可以帮助企业对每个阶段的阶段成果进行回顾、分析并做出评价，从而通过不断的调整，更好地实现企业战略目标。

3. 选择战略

在“ERP 沙盘模拟”课程中，新上任的管理团队需要通过相关渠道获得和企业未来发展有关的预测资料，结合企业现有的资源情况，进行战略选择。需要管理层思考的问题很多，比如企业未来发展的规模问题，生产的产品品种单一还是丰富，将会开拓哪些市场，市场的侧重点如何把握，生产设备的更新改造，融资问题等。

4. 战略调整

当企业的内外部环境、竞争对手发生变化时，企业的战略也应当做出调整。每一年经营活动完成后，企业都应当检验既定战略的运行状况，必要时及时做出调整。

第三节　初设状态设定

如前所述，企业的基本情况我们已经有了大致的了解，但更具体的细节内容依然不明了，如应收账款何时收回，企业的借款何时到期等。为了形成公平的市场竞争环境，需要统一设定模拟企业的初始状态。模拟企业的初始状态设置在物理沙盘上完成，沙盘布局如图 2-4 所示。

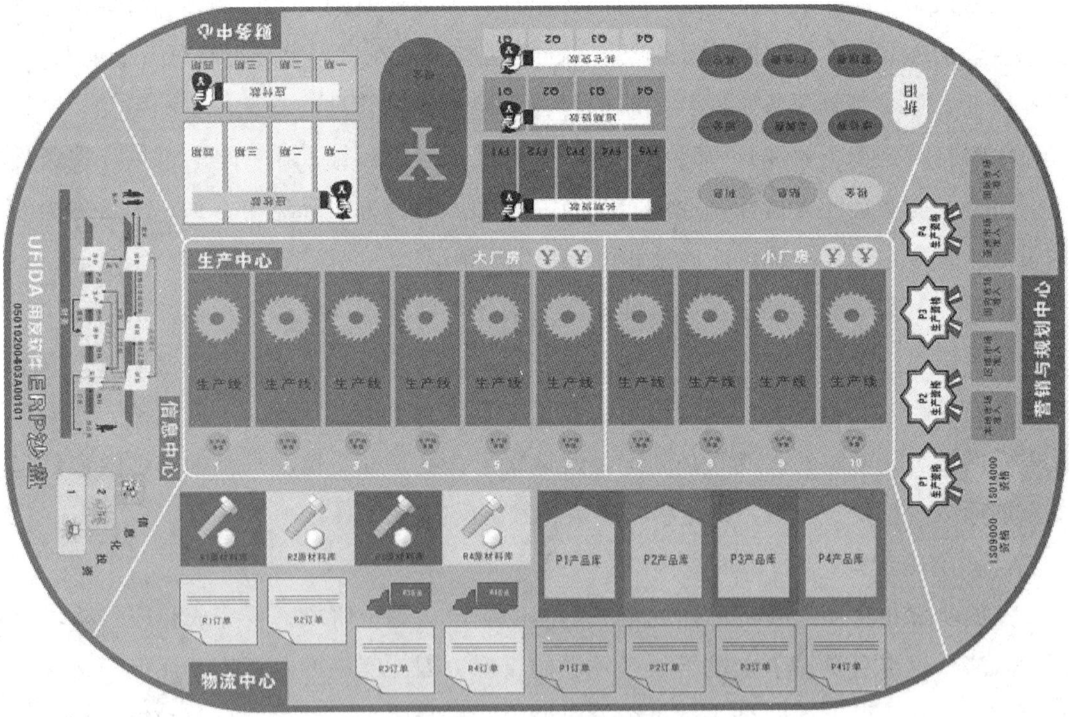

图 2-4　用友 ERP 物理沙盘

从资产负债表中不难看出，模拟企业的资产总额为 1.05 亿元。在“ERP 沙盘模拟”课程中，这 1.05 亿元的资产用 105 个灰色的塑料币（以下简称灰币）表示，一个灰币代表 1M（M 的单位为百万）。下面按资产负债表上各项目的顺序将企业的资源分布状况复原到沙盘上，复原过程中各个岗位各司其职，从而熟悉各自的本职工作。沙盘教具如图 2-5 所示。

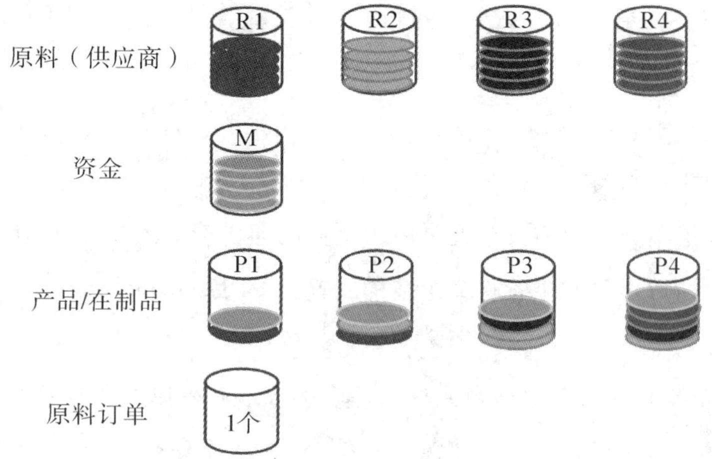

图 2-5　沙盘教具

一、流动资产（52M）

流动资产包括现金、应收账款、在制品、产成品和原材料。

1. 现金（20M）

现金 20M，由财务主管拿一满桶灰币（满桶 20M）放置于现金库位置。

2. 应收账款（15M）

为了更多地实现销售，赊销是企业常用的一种销售方式，即允许客户在一定付款期限内缴清货款而不需货到立即付款。应收账款按一定的付款期限收回，由财务主管拿一空桶，放入 15 个灰币，置于应收账款 3 期位置（应收款账期单位为季度，最长收款期 4 期）。

3. 在制品（8M）

在制品指处于加工过程中，尚未完工入库的产品。企业目前拥有的大厂房中有 3 条手工生产线和 1 条半自动生产线，由生产主管将生产线卡片摆放在大厂房中。4 条生产线上分别有一个 P1 在产品。手工生产线有 3 个生产周期，靠近原料库的为第一周期，3 条手工生产线上的 3 个 P1 在产品分别位于第一、二、三周期。半自动生产线有两个周期，P1 在产品位于第一周期。

每个 P1 产品由两部分构成：R1 原材料 1M 和人工费 1M，取一个空桶放置一个 R1 原材料（用红色塑料币表示）和一个人工费（1M 灰币）构成一个 P1 产品。由采购主管、财务主管和生产主管共同完成 4 件 P1 在产品并摆放在生产线的相应位置。

4. 产成品（6M）

P1 产品库中有 3 个产成品，每个产成品同样由一个 R1 原材料和一个人工费构成。由生产主管、采购主管和财务主管共同完成 3 个 P1 产品并摆放在 P1 产品库中。

5. 原材料（3M）

R1 原料库中有 3 个原材料，每个价值 1M。由采购主管取 3 个空桶，每个空桶中放置一个红色的 R1 原材料，并摆放到 R1 原料库中。

在 R1 原料库下方的原料订单处，由于企业已向供应商发出了采购订单，预定了 2 个 R1 原材料，所以由采购主管将 2 个空桶放置于 R1 原料订单处。

注意：

● 原料库中原材料用空桶加相关原材料币表示，每个桶中只能放置一个原材料币，表示一个原材料。

● 原料订单处一个空桶代表一个原材料订单。

物流中心如图 2-6 所示。

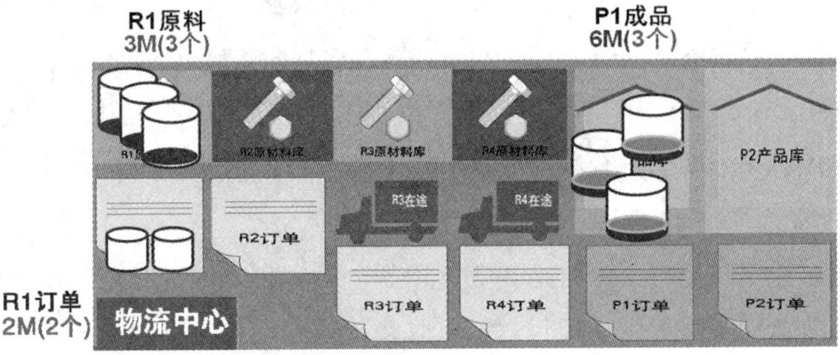

图 2-6 物流中心

二、固定资产（53M）

固定资产包括厂房和机器设备等。

1. 大厂房（40M）

企业目前拥有大厂房一间，价值 40M。由财务主管将两满桶共 40M 灰币放置在大厂房价值处。

2. 生产用机器设备（13M）

企业自创办以来，已购置 3 条手工生产线和 1 条半自动生产线。生产线正常计提折旧，扣除已计提折旧，目前手工生产线账面价值 3M，半自动线账面价值 4M。由财务主管取 4 个空桶，分别放入 3M、3M、3M、4M 灰币，并放置在生产线下方的“生产线净值”处。生产中心如图 2-7 所示。

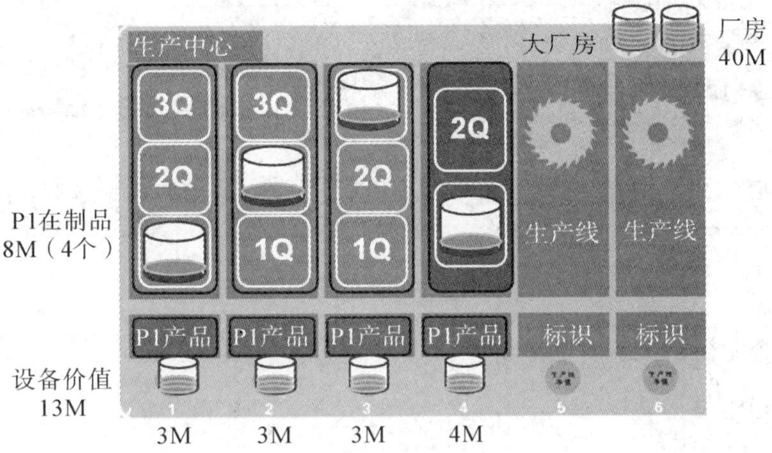

图 2-7 生产中心

三、负债（41M）

负债包括短期借款、长期借款及其他各项应付款。

1. 长期借款（40M）

企业目前有长期借款 40M，分别于长期借款第四年和第五年到期。我们约定用一个空桶代表 20M 借款，由财务主管将两个空桶分别放置在长期借款的第四年和第五年处。

注意：

●长期借款最长期限为 5 年，在沙盘上用纵列表示年度，离现金库最近的为第一年，以此类推。

●短期借款最长期限为 1 年（4 个季度），在沙盘上用纵列表示季度，离现金库最近的为第一季度，以此类推。

●如果企业选择用高利贷方式来融资，则用倒置空桶的方式来加以区分，并将倒置的空桶放置于短期借款纵列中。

2. 应交税金（1M）

企业上年度的税前利润为 4M，按规定需交纳税金 1M。税金交纳在下年第一季度完成，在初始化设置中不需要进行相关操作。财务中心如图 2-8 所示。

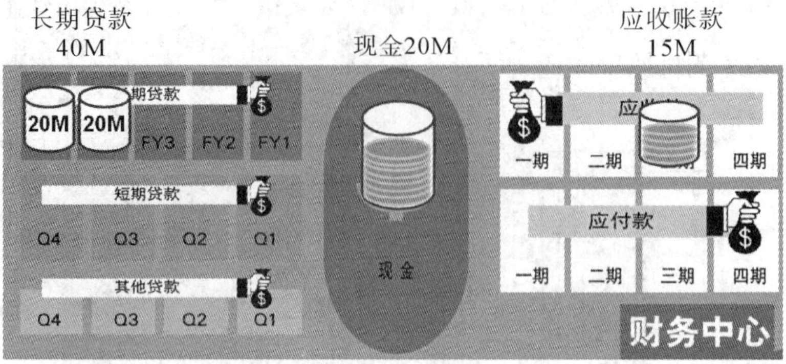

图 2-8　财务中心

至此，企业初始状态设置完毕。

第三章 模拟运营规则

企业是社会经济的基本单位，企业的发展要受自身条件的制约。企业的生存与企业间的竞争不仅要遵守国家的各项法规及行政管理规定，还要遵守行业内的各种约定。在开始模拟竞争之前，管理层必须了解并熟悉这些规则，才能合法经营，才能在竞争中求生存、求发展。

第一节 什么是经营

一、企业如何生存

企业想要在残酷的市场当中生存下来，起码需要具备两个基本条件：一是收可抵支，二是按期偿债。所以，当企业资不抵债或者资金链断裂时，企业将宣告破产。在企业模拟经营过程中，一旦破产条件成立，裁判可以按照规则定夺。一般来看，可能会出现以下三种情况：

一是尚有一线生机。如果裁判通过观察盘面发现企业仍有希望，股东、债权人不愿放弃，股东、债权人可以通过增资或者债转股的方式救活企业。二是企业联合或兼并。三是破产清算。

二、企业如何盈利

企业经营的目标就是为了实现股东权益最大化，即盈利。想要盈利，从利润表当中就不难看出主要有两种途径：一是扩大销售（开源），二是控制成本（节流）。

1. 扩大销售

利润主要来源于销售收入的实现，而销售收入取决于销售数量和销售价格两个因素。销售数量的提高主要有以下几种方式：

（1）拓展现有市场；

（2）开拓新市场；

（3）新产品的研发；

（4）更新机器设备，提高产能；

（5）加大广告投入，提升品牌形象。

销售价格的影响因素有很多，比如新技术新产品价格高，企业更愿意生产。

2. 控制成本

产品成本由直接成本和间接成本两个因素构成，合理降低成本，是利润实现的另一个重要途径。

（1）降低直接成本。

直接成本主要包括原材料费用和人工费用。在现实生活中，不同的企业购买原材料价格可能不同，雇佣工人的工资也不一样。但在“ERP 沙盘模拟”课程中，原材料价格不变，加工费在不同的生产过程中也不变，所以产品的直接成本是固定的。

（2）降低间接成本。

间接成本主要包括投资性支出和费用性支出，投资性支出是企业发展必不可少的支出，如新建厂房，生产线的扩建等；费用性支出如销售费用，贷款费用等，通过有效的筹划可以节约费用性支出。

第二节　竞争规则

一、市场规则

1. 市场开拓

市场是企业销售产品的场所，市场份额的大小标志着企业的销售潜力。在“ERP 沙盘模拟”课程的规则中，企业一开始只拥有本地市场，需要开拓的还有区域市场、国内市场、亚洲市场和国际市场等。每个市场的开拓都需要企业做大量的工作，如市场调研、人员招聘、市场策划、公共关系等。开拓不同的市场需要的时间和投入的资金不同，在市场开拓完成之前，企业不能进入该市场从事销售活动。开发不同市场所需的时间和资金投入如表 3-1 所示。

表 3-1　开发不同市场所需要的时间和资金投入

市场	开发费用（M）	开发时间（年）
区域	1	1
国内	2	2
亚洲	3	3
国际	4	4

说明：

●各个市场的开发可同时进行。

●资金短缺时可随时中断或终止投入。

●开发费用按开发时间平均支付，不允许加速投资。

●市场开拓完成后，领取相应市场的准入证。

2. 市场准入

当某个市场开拓完成后，企业就取得了在该市场经营的资格，此后就可以在该市场投放广告，争取客户订单了。

注意：

●对已取得的市场，如果当年决定不投放广告（如资金短缺或其他原因），仍需投入 1M 的资金维持该市场的正常运转（如办事处日常开支），否则视为放弃该市场。

●再次进入该市场需重新开发。

3. 市场预测

在“ERP 沙盘模拟”课程中，市场预测图是企业了解产品市场需求的重要参考信息，该信息公开透明，对企业制订营销方案起着至关重要的作用。该信息主要包括各市场、各产品的总需求量、价格走势、客户对产品的质量要求等，如图 3-1 所示。

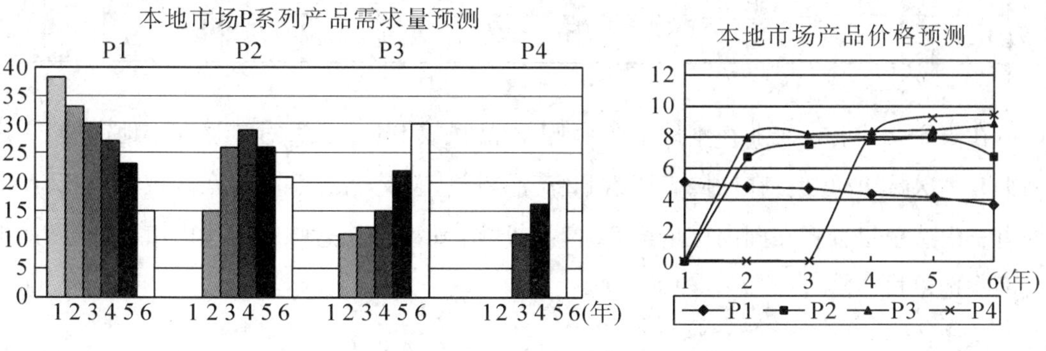

图 3-1　市场预测

图 3-1 是本地市场 1~6 年内 P 系列产品的市场预测资料，左侧柱状图反映市场需求情况，右侧折线图反映价格走势。左侧图横轴代表年，纵轴代表产品数量，柱形的高度代表该产品某年的市场预测需求总量。右侧折线图横轴代表年，纵轴代表产品的预测价格。

二、销售会议与销售订单

1. 订货会

每年的年初举办客户订货会，由各企业派销售主管参加。订货会分市场召开，依次为本地市场、区域市场、国内市场、亚洲市场和国际市场。客户订单的争取对企业的影响至关重要。

2. 市场地位

对企业而言，在每个市场中都会取得具体的市场地位，市场地位决定销售策略。企业的市场地位根据上一年度各企业的销售状况排序，销售额最高的企业排名第一，俗称“市场老大”。

3. 广告投放

广告分市场、分产品投放，投入 1M 的广告有一次选取订单机会，以后每多投 2M 增加一次选单机会。广告投放情况需要填写在竞单表中，竞单表如表 3-2 所示。

表 3-2　企业第 4 年竞单表（部分）　　单位：M

第四年——A 组（本地）						（区域）						（国内）					
产品	广告	单额	数量	9K	14K	产品	广告	单额	数量	9K	14K	产品	广告	单额	数量	9K	14K
P1	1					P1						P1					
P2						P2	5					P2	3				
P3						P3						P3					
P4						P4						P4					

在表 3-2 中，A 企业在本地市场给 P1 产品投放 1M 广告，意味着在本地市场 P1 产品拥有一次选单机会；在区域市场给 P2 产品投放 5M 广告，意味着在区域市场 P2 产品拥有三次选单机会；在国内市场给 P2 产品投放 3M 广告，意味着在国内市场 P2 产品拥有两次选单机会。

注意：

●投入广告 5M 表示有机会拿三张单，但具体能争取到几张单还需要看市场需求、竞争态势等。

●投放2M广告和投放1M广告都只有一次选单机会，但投入2M广告比投入1M广告选单顺序靠前。

●竞单表中设有9K和14K，代表“ISO9000”和“ISO14000”，这两栏中投入的不是认证费用，而是取得认证后的宣传费用，该投入对整个市场所有产品有效。

●如果需要获得标有“ISO9000”或“ISO14000”的订单时，需要在相应栏目中投放1M广告。

4. 客户订单

市场需求用客户订单卡片的形式表示，如图3-2所示。

第6年	亚洲市场	IP4-3/3
产品数量：3P4 产品单价：12M/个 总金额：36M 应收账期：4Q		
ISO9000		加急！！！

图3-2 客户订单

客户订单卡上标注了市场、产品、产品数量、单价、总金额、账期、特殊要求等内容。普通订单可以在当年任意一期交货，标注“加急!!!”字样的订单必须在第一季度交货。如果由于产能不足或其他原因导致当年未能按订单要求交货，企业会受到以下处罚：

（1）因违约导致市场地位下降一级；

（2）下一年先实现该订单，该订单必须先交货；

（3）交货时扣除该订单销售总额的25%（取整）作为违约金。

注意：

●如果上年“市场老大”未能按期交货，市场地位下降一级，则本年该市场没有“市场老大”。

●订单卡中标注的“应收账期”为客户收货后的付款方式。如账期为0，表示现金付款；如账期为4Q，表示客户付给企业4个季度的应收账款。

●如果订单卡上标注“ISO9000”或“ISO14000”，要求企业必须首先取得ISO认证资格，其次，在竞单表中ISO栏目中投入1M广告费，才能得到该订单。

客户订货会结束后，需要将客户订单信息登记在订单登记表中，以便为今后销售分析提供基础数据。订单登记表如表3-3所示。

表 3-3 订单登记表

订单号											合计
市场											
产品											
数量											
账期											
销售额											
成本											
毛利											
未售											

5. 订单争取

在每年度的订货会上，订单的争取都是各企业的工作重心。企业的市场地位、广告投放量、市场需求情况、企业间的竞争等因素都会影响订单的争取。在订货会上，客户订单是按市场划分的，选单次序如下：

（1）上年度该市场的“市场老大”拥有优先选单权；

（2）“市场老大”选单结束后，其他企业按每个市场单一产品广告投放量的大小依次选单。

如果单一产品广告投放相同，则比较该市场两个企业的广告总投入；如果该市场两者广告总投入也相同，则根据上年度两者的市场地位决定选单次序；如果市场地位也相同，则采用非公开招标方式，由客户按双方的竞单条件自行选择。

注意：

● 无论广告费投入多少，每次只能选一张订单，然后等待下一轮选单机会。

● 订货会每年年初举办，每年只有这一次。

第三节 运营规则

在“ERP 沙盘模拟”课程中，企业除了在年初参加订货会需要遵守相应的规则外，在企业运营过程中，同样需要遵守许多规则。当然，和现实生活相比，实验课程中的规则不能做到完全贴近实际，只能采取简化方式，力求简单有效。

一、厂房购买、出售与租赁

企业在起始年拥有一个大厂房，价值40M。另外还有小厂房可供选择。厂房的购买、租赁、出售、容量等相关信息如表3-4所示。

表3-4　厂房购买、出售与租赁

厂房	买价	租金	售价	容量
大厂房	40M	5M/年	40M	6条生产线
小厂房	30M	3M/年	30M	4条生产线

说明：

●厂房的购买租赁在年底进行。

●厂房可随时按原价出售，获得4期的应收账款。

●厂房不提折旧。

二、生产线购买、转产与维修、出售

企业在起始年拥有四条生产线，其中三条为手工线，一条为半自动线。另外企业还有全自动线、柔性线可供选择。不同类型的生产线生产效率和灵活性不同。生产效率越高（如全自动线），则单位时间生产的产品越多；生产线灵活性越高（如柔性线），则转产时耗费的时间和资金越少。有关生产线购买、转产、出售与维修的相关信息见表3-5所示。

表3-5　生产线购买、转产、出售与维修

生产线类型	购买价格	安装周期	生产周期	转产周期	转产费用	维修费	残值
手工线	5M	无	3Q	无	无	1M/年	1M
半自动线	8M	2Q	2Q	1Q	1M	1M/年	2M
全自动线	16M	4Q	1Q	2Q	4M	1M/年	4M
柔性线	24M	4Q	1Q	无	无	1M/年	6M

说明：

●所有生产线可以生产所有产品，所需支付的加工费相同，均为1M/产品。

●投资一条新生产线需按照安装周期平均支付投资，从全部投资完成后的下一期开始可以领取产品标识，开始生产。投资可以随时中断（如出现资金短缺）。

●生产线转产是指生产线转产生产其他产品。如全自动线原来生产P1产品，现在要转产生产 P2，则需要按照规则停产两期，支付 4M 转产费用（一期支付 2M）。

●当年在建生产线不需要支付维修费，当生产线建成并开始使用时缴纳维修费，当年已出售的生产线不需缴纳维修费。

●每年按生产线净值的 1/3 取整计提折旧。当年建成的生产线不提折旧，当生产线净值小于 3M 时，每年提 1M 折旧。

●出售生产线时，如果生产线净值小于残值，将净值转换为现金；当净值大于残值时，将残值部分转换为现金，差额部分作费用处理（计入综合费用-其他）。

三、产品研发

企业在起始年已经拥有 P1 产品的生产资格。另外，根据企业的发展规划，还有 P2、P3、P4 这三种产品有待开发。这三种新产品技术含量依次递增。不同技术含量的新产品在研发时需要投入适当的研发时间并且研发费用有所不同，如表 3-6 所示。

表 3-6　产品研发时间和资金

产品	P2	P3	P4
研发时间	6Q	6Q	6Q
研发资金	6M	12M	18M

说明：

●各产品可以同时研发，按研发周期平均支付研发费用；研发可随时中断（如资金短缺）。

●研发期满，全部投入完成后的下一期可以开始该产品的生产。

●研发投入完成后领取相应产品的生产资格证。

四、产品生产

产品研发完成后，就可以开始产品的生产。产品生产需要采购原材料，而不同产品的原材料构成不同，各产品生产所需的原料及数量如图 3-3 所示。

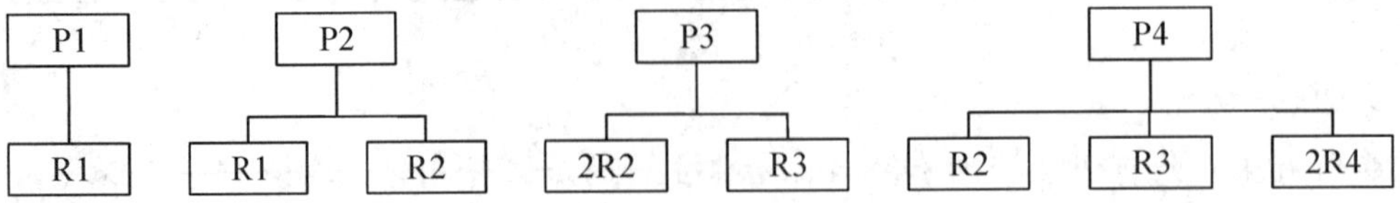

图 3-3　P 系列产品 BOM 结构

说明：

●BOM（bill of material）即物料清单，反映某种产品的构成项目及项目之间的结构关系。

●每条生产线同时只能有一件产品在线生产。

●产品上线生产均需投入加工费，不同生产线需要投入的加工费均为1M。

●上线生产的产品必须有原材料才能生产，否则必须“停工待料”。

五、原材料采购

原材料采购的任务是用合理的价格，在合理的时间购入合理数量的原材料。要求采购部门根据采购计划、生产计划和产品结构关系考虑上述问题。

为了区分不同的原材料，在“ERP沙盘模拟”课程中，每一种原材料用一种不同于其他原材料颜色的“塑料币”表示，如图3-4所示。

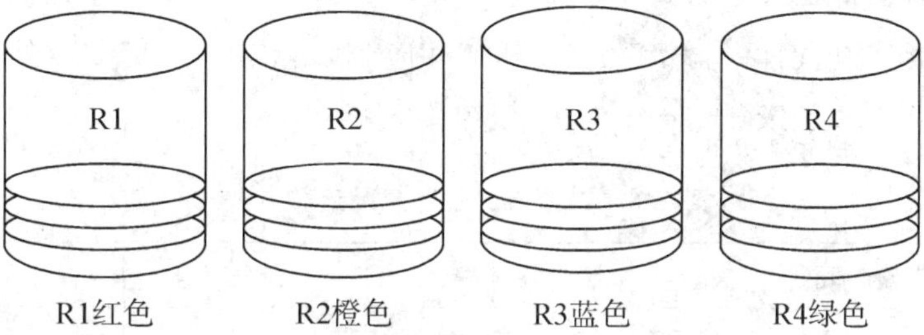

图3-4　原材料的颜色

说明：

●原材料采购需要考虑采购提前期。R1、R2原材料需要提前一个季度采购；R3、R4原材料需要提前两个季度采购（在途一期）。

●原材料运达企业后必须照单全收，并按原材料价格支付原料费。采购订单用空桶表示。

六、ISO国际认证体系

ISO（International Organization for Standardization）指国际标准化组织。随着企业市场开拓的深入，客户的质量意识和环境意识越来越强。企业想要拿到带有ISO标识的订单，就必须经过一定的时间并花费一定的费用，先行获得ISO认证。认证投资应计入当年的综合费用，如表3-7所示。

表 3-7 ISO 国际认证需要投入的时间及认证费用

ISO 认证体系	ISO9000 质量认证	ISO14000 环境认证
持续时间	2 年	3 年
认证费用	2M	3M

说明：

●两项认证可同时进行，按投入时间平均支付认证费用。

●投入可随时中断（如资金短缺）。

●认证投入完成后获得相应认证的 ISO 资格证。

七、融资贷款与资金贴现

企业的一切活动都离不开资金，资金是企业的血液。企业的融资渠道多种多样，如发行股票、借款和应收账款贴现。在“ERP 沙盘模拟”课程中，企业尚未上市，所以可选择的融资渠道只有银行借款、高利贷和应收账款贴现。贷款时间、利息及还款的相关规定如表 3-8 所示。

表 3-8 融资方式、利息及还款方式

融资方式	贷款时间	最高限额	利息（年）	还款方式
长期贷款	每年年末	上年所有者权益×2-已贷长期贷款	10%	年底付息，到期还本
短期贷款	每季度初	上年所有者权益×2-已贷短期贷款	5%	到期一次还本付息
高利贷	任何时间	与借款方协商	20%	到期一次还本付息
应收款贴现	任何时间	根据应收账款额度按 1∶6 比例	1/7	贴现时付息

说明：

●长期借款最长期限为 5 年，短期借款及高利贷最长期限为 1 年（不足 1 年按 1 年计息）。

●长期借款每年需付利息，短期借款到期一次还本付息。

●无论长短期借款还是高利贷，贷款只能是 20 的倍数（以 20M 为基本贷款单位）。

●应收账款的贴现可以随时进行，金额是 7 的倍数（如具有 7M 应收账款贴现，则获得 6M 现金，交纳 1M 贴现费用）。

第四章　模拟企业实战

在熟悉了经营规则之后，新上任的管理层准备接手企业。在这之前，新管理层需要和原管理层交接工作，熟悉企业的工作流程。在“ERP 沙盘模拟”课程中，我们用“企业经营流程”简化了企业的运营过程。企业经营流程主要反映两个内容：一是企业在经营过程中必须做的各项工作；二是开展各项工作时需要遵循的先后顺序。在企业经营过程中，总经理需要带领大家按照企业经营记录表中的内容执行每一项工作。企业经营记录表如表 4-1 所示。

表 4-1　企业经营记录表

企业经营流程 请按顺序执行下列各项操作。	每执行完一项操作，CEO 请在相应的方格内打“√”。 财务总监（助理）在方格中填写现金收支情况。			
新年度规划会议				
参加订货会/登记销售订单				
制订新年度计划				
支付应付税				
季初现金盘点（请填余额）				
更新短期贷款/还本付息/申请短期贷款（高利贷）				
更新应付款/归还应付款				
原材料入库/更新原料订单				
下原料订单				
更新生产/完工入库				
投资新生产线/变卖生产线/生产线转产				
向其他企业购买原材料/出售原材料				
开始下一批生产				
更新应收款/应收款收现				
出售厂房				
向其他企业购买成品/出售成品				

表4-1(续)

企业经营流程 请按顺序执行下列各项操作。	每执行完一项操作，CEO 请在相应的方格内打"√"。 财务总监（助理）在方格中填写现金收支情况。			
按订单交货				
产品研发投资				
支付行政管理费				
其他现金收支情况登记				
支付利息/更新长期贷款/申请长期贷款				
支付设备维护费				
支付租金/购买厂房				
计提折旧				（ ）
新市场开拓/ISO 资格认证投资				
结账				
现金收入合计				
现金支出合计				
期末现金对账（请填余额）				

在企业运营过程中，按照时间顺序分为年初执行的 4 项工作、按季度执行的 19 项工作和年末需要做的 6 项工作。在执行过程中，该表的填写由总经理主持，其他成员各司其职，按经营记录表的内容和先后次序完成各项工作，同时总经理在相应工作的方格中打钩作为完成标志。

"现金"是企业的血液。随着企业日常经营活动的开展，现金会不断流动。为了准确记录现金的增减变化状况，我们在企业经营记录表中设置了现金收支明细登记。当执行的任务涉及现金收付时，由财务主管负责现金的收付，并在相应的方格内登记现金收支的情况。

注意：

在填写企业经营记录表时，必须严格按照自上而下、自左至右的顺序进行。

此外，为了便于新管理层熟悉企业的日常经营管理流程，在"ERP 沙盘模拟"课程中我们设置了起始年。起始年的经营决策依然按照老管理层的思路继续保守经营。

要点说明：

起始年操作说明如下：

（1）不投资新的生产线。

（2）不研发新产品。

（3）不购买新厂房。

（4）不开拓新市场。

（5）不进行 ISO 认证。

（6）不尝试新的融资。

（7）每季度采购一批 R1 原材料。

（8）生产不中断。

第一节　年初 4 项工作

一、新年度规划会议

新年伊始，企业的管理层需要制定或者调整企业的战略，做出经营规划、投资方案和营销策划方案等。具体而言，管理层需要进行销售预算和可接单量的计算。

销售预算是编制预算的关键和起点。通过对本年度的销售目标进行预测，可以反映销售数量、销售价格和销售收入等。

可接单量是指企业在参加订货会之前，计算预计可以对外销售的产品数量。可接单量的计算主要考虑企业现有的库存以及企业现有的生产能力，因此产能计算的准确性至关重要。

方案确定之后，销售主管将信息填写在分组竞单表中，如表 4-2 所示。

表 4-2　分组竞单表（部分）　　单位：M

（本地）						（区域）					
产品	广告	单额	数量	9K	14K	产品	广告	单额	数量	9K	14K
P1						P1					
P2						P2					
P3						P3					
P4						P4					

扫一扫下载广告登记表

二、参加订货会/登记销售订单

1. 参加订货会

年初经营活动开始之前，各企业派出销售主管参加订货会，按照市场排名、广告投放量、竞争态势、市场需求等条件分配客户订单。销售主管在选取订单时应当以企业的产能、设备投资计划等为依据，避免出现因盲目接单导致无法按时交货而影响企业信誉的情况。

2. 登记销售订单

客户订单相当于企业签订的订货合同，需要进行登记管理。销售主管选单完成后，需要将订单信息登记在订单登记表中。订单登记表记录每张订单的订单号、市场、产品、数量、账期、销售额等信息。订单登记表见第三章表 3-3。

三、制订新年度计划

当企业拿到订单，明确当年的销售任务后，便需要以实现销售目标为中心，编制生产计划、采购计划、固定资产投资计划等，并以此为依据编制资金预算表，将企业的供产销有机结合起来，使企业各部门的工作形成一个有机的整体。现金预算表如表 4-3 所示。

表 4-3　企业现金预算表

	1	2	3	4
期初库存现金				
支付上年应交税费				
市场广告投入				
贴现费用				
利息（短期贷款）				
支付到期短期贷款				
原料采购支付现金				
转产费用				
生产线投资				
工人工资				
产品研发投资				
收到现金前的所有支出				
应收款到期				

表4-3(续)

	1	2	3	4
支付管理费用				
利息（长期贷款）				
支付到期长期贷款				
设备维护费用				
租金				
购买新建筑				
市场开拓投资				
ISO 认证投资				
其他				
库存现金余额				

四、支付应付税

依法纳税是每个企业及公民的义务。按照上一年的应付税计算结果，由财务主管按利润表的“所得税”一栏的数值取出相应的现金放置在沙盘的“税金”处，并在企业经营记录表中做好现金的收支记录。

第二节 每季度 19 项工作

一、季初现金盘点（填写余额）

由财务主管盘点现金库中的现金，并在企业经营记录表中填写余额。

二、更新短期贷款/还本付息/申请短期贷款（高利贷）

1. 更新短期贷款

如果企业有短期贷款，由财务主管将表示贷款的空桶向现金库方向移动一格。当空桶移动到现金库时，表示短期贷款到期。

2. 还本付息

短期贷款按规则需到期一次还本付息。当短期贷款到期时，每个空桶需要支付 20M×5%＝1M 的利息，因此，本息合计 21M。由财务主管从现金库中数出 21 个灰币，其中 20 个灰币交还银行，1 个灰币放置于沙盘“利息”处。同时，由财务主管在企业经营记录表中做好现金的收支记录。

3. 申请短期贷款（高利贷）

短期贷款只有在这一时点才可以申请。可申请的额度最高为：上一年企业所有者权益×2-（已贷短期贷款+一年内到期的长期负债）。申请贷款后，由财务主管将代表贷款的空桶放置在沙盘“短期贷款”处。

高利贷可以在任意时间申请，贷款最高额度视企业当时的具体情况而定。申请高利贷后，由财务主管将空桶倒置在沙盘“短期贷款”处，并与短期贷款同样管理。

三、更新应付款/归还应付款

当企业有应付账款时，由财务主管将表示应付账款的空桶向现金库方向移动一格。当空桶移到现金库时，由财务主管从现金库中取出相应的灰币付款并在企业经营记录表中做好现金收支记录。

四、原材料入库/更新原料订单

当企业购买的原材料运达企业后，企业必须无条件收货并按合同支付货款，由采购主管将原料订单区中表示原材料订单的空桶向原料库方向推进一格。当空桶推到原料库中时，采购主管向财务主管申请支付原料款，换取相应的原材料，并将代表原材料的彩币投入空桶中。如果为现金支付，财务主管需做好现金收支记录，如果为赊购，则启用应付账款，在沙盘“应付账款”中做相应标记。

五、下原料订单

采购主管根据年初制订的采购计划，决定采购的原材料品种和数量，每个空桶代表一批原料，由采购主管按计划将相应的空桶放置在沙盘对应品种的“原料订单”处。

六、更新生产/完工入库

由生产主管将生产线上的在制品向前推进一格，产品下线代表产品完工，将完工产品放置在沙盘相应的“产品库”中。

七、投资新生产线/变卖生产线/生产线转产

1. 投资新生产线

当企业投资新生产线时，受训者向指导老师领取相应生产线的标识卡片，反扣放

置在厂房相应位置，其上放置一个空桶，每季度按生产线建造的要求向空桶内投入相应的建设资金（每季度投入的建设资金=设备购买总价÷安装周期），财务主管做好现金的收支记录。在全部投资完成后的下个季度，将生产线标识卡片翻转过来，领取产品标识，将投入的建设资金放置在沙盘“生产线净值”处，此时生产线可以投入使用。

2. 变卖生产线

当生产线上的在制品完工后，可以变卖生产线。生产线的变卖需要比较生产线的净值和残值，当生产线的净值<残值时，按净值变卖，将生产线的净值直接转入现金库中；当生产线的净值>残值时，按残值变卖，从生产线净值中取出残值部分置于现金库中，将差额部分置于沙盘“综合费用–其他项”中。财务主管做好现金收支的记录。

3. 转产

当某条生产线需要转产生产其他产品时，需要参照生产线转产的规则。不同类型的生产线转产周期和转产费用不同。当生产线转产需要转产周期和转产费用时，由生产主管将生产线标识卡片反扣，按季度向财务主管申请并支付转产费用。当转产周期实现并且支付了全部转产费用后，再次翻转生产线标识卡片，领取新产品的产品标识，开始新产品的生产。财务主管做好现金收支的记录。

注意：

生产线建造完成后，不得在各厂房间随意移动。

八、向其他企业购买/出售原材料

原材料的储备是生产的前提条件，当新产品上线时，必须有充足的原材料储备，否则企业就会“停工待料”。当生产过程中出现原材料短缺时，采购主管可以从其他企业购买。如果按照原材料原值购买，购买方视同“原材料入库”处理，出售方采购主管从原料库中取出原材料，向购买方收取同等价值的现金，放入现金库中并由财务主管做好现金收支的记录；如果高于原材料价格购入，购买方将差额计入利润表中的其他支出，出售方将差额计入利润表中的其他收入，财务主管做好现金收支的记录。

九、开始下一批生产

当更新生产/完工入库后，某些生产线在制品完工，可以开始生产新产品。这时由生产主管按产品结构从原料库中取出原材料，并向财务主管申请产品加工费，将上线产品摆放在生产线的第一个生产周期。

十、更新应收款/应收款收现

企业获得的销售订单不全都是现收订单，涉及账期的订单产生应收账款。此时由财务主管将应收账款向现金库的方向推进一格，到达现金库时即成为现金，财务主管需做好现金收支的记录。在资金紧张而企业又不具备贷款条件时，可以考虑应收账款贴现。应收账款的贴现可以随时进行，财务主管按照 7 的倍数取应收账款，其中 6/7 放入现金库并做好现金收支的记录，剩余 1/7 作为贴现费用放入沙盘“贴息”处。应收账款的贴现不考虑账期问题。

十一、出售厂房

当企业资金不足时，可以通过出售厂房获得资金。厂房不提折旧，按购买价出售，获得 4 期的应收账款。如果出售时厂房内还有生产线，则将会扣除厂房租金。

十二、向其他企业购买成品/出售成品

如果由于产能计算失误或是原材料供应出现问题，企业很有可能不能按期交付客户订单，这样不仅会因为不守信用使企业市场地位下降，而且企业还要接受订单总额 25%的罚款。当出现这种情况时，销售主管可以考虑向其他企业购买产品。如果以成本价购买，买卖双方正常处理，如果高于成本价购买，购买方将差价（支付的现金-产品成本）计入直接成本，出售方将差价计入销售成本，财务主管做好现金收支的记录。企业之间发生组间交易时，双方需登记组间交易明细表，如表 4-4 所示。

表 4-4　组间交易明细表

时间		买入			卖出		
年	季度	产品	数量	金额	产品	数量	金额

十三、按订单交货

当企业产品库中的成品数量满足客户订单要求时，则由销售主管按订单交货，并在订单登记表中登记该批产品的成本。客户按订单内容收货，并按订单上列明的付款条件支付货款。若为现金（0 账期）付款，销售主管将货款现金放入现金库中，由财务主管做好现金收支的记录；若为应收账款，销售主管将现金放置于应收账款相应账期处。

十四、产品研发投资

按照年初制订的产品研发计划，生产主管向财务主管申请研发资金，放置于相应

产品生产资格位置，财务主管做好现金收支的记录。产品研发完成后领取相应产品的生产资格证。

十五、支付行政管理费

行政管理费是企业为了维持正常的运转而支付的管理人员工资、办公费、差旅费、招待费等。

由财务主管从现金库中取出 1M 放在沙盘“管理费”处，并做好现金收支的记录。

十六、其他现金收支情况登记

除以上引起现金流动的项目外，还有一些没有对应项目的，如应收账款贴现、高利贷利息、订单违约罚款等，可以直接计入该项目。

十七、现金收入合计

由财务主管统计本季度现金收入总额，计入该栏目。

十八、现金支出合计

由财务主管统计本季度现金支出总额，计入该栏目。另外第四季度的统计数据包括四季度本身的现金支出和年底发生的现金支出。

十九、期末现金对账

由财务主管检查现金的账面数和实物数，确保账实相符并做好登记。

以上 19 项工作每个季度都要执行。

第三节　年末 6 项工作

一、支付利息/更新长期贷款/申请长期贷款

1. 支付利息

按照规则，长期贷款每年付息，到期还本。如果长期贷款当年未到期，每桶需要支付 2M（20M×10%）利息，由财务主管从现金库中取出相应的现金并放置于沙盘“利息”处，并做好现金收支的记录。当长期贷款到期时，由财务主管从现金库中取出现金归还本金和当年利息，并做好现金收支的记录。

2. 更新长期贷款

如果企业有长期贷款，由财务主管将代表长期贷款的空桶向现金库方向移动一格。当移至现金库时，表示长期贷款到期，需要按期偿还。

3. 申请长期贷款

长期贷款只有在年末才可以申请。可申请的额度最高为：上一年企业所有者权益×2-已贷长期贷款+一年内到期的长期贷款。申请贷款后，由财务主管将代表贷款的空桶放置在沙盘“长期贷款”处。

二、支付设备维护费

按照规则，企业在用的生产线每年需要各 1M 的维护费。由财务主管从现金库中取出相应的现金放置于沙盘“维修费”处，并做好现金收支的记录。

三、支付租金/购买厂房

大厂房为企业已经拥有的厂房，如果企业当年在小厂房中建造了生产线，此时要决定小厂房是购买还是租赁。如果要购买小厂房，则由财务主管取出 30M 现金置于沙盘厂房价值处；如果考虑租赁，则由财务主管取出与小厂房租金（3M/年）相等的现金置于沙盘“租金”处。无论是购买还是租赁，财务主管都应做好现金收支的记录。

四、计提折旧

按照规则，厂房不提折旧，生产设备按照余额递减法计提折旧。在建工程和当年新建成的生产线不提折旧。折旧额为设备原值的 1/3 向下取整。由财务主管从代表设备价值的桶中取出相应的折旧费并放置于沙盘“折旧”处，当设备价值降到 3M 时，每年折旧为 1M。

注意：

折旧的计提与现金流无关，因此在企业经营记录表中用（）加以区分，计算现金收支时不用考虑该项目。

五、新市场开拓/ISO 资格认证投资

1. 新市场开拓

由财务主管从现金库中取出相应的现金放置在准备开拓的市场区域，并做好现金收支的记录。市场开拓完成后领取相应市场的准入证。

2. ISO 资格认证

由财务主管从现金库中取出相应的现金放置在 ISO 认证的区域，并做好现金收支的记录。认证完成后领取 ISO 认证资格证。

六、结账

年终企业要进行一次“盘点”，并编制资产负债表和利润表。在报表编好之后，指导老师将取走沙盘上企业已支出的各项成本，为下一年度做好准备。资产负债表和利润表的编制如表 4-5 和表 4-6 所示。

表 4-5 资产负债表的编制

资产负债表 编报单位：百万元			
资产	数据来源	负债和所有者权益	数据来源
流动资产：		负债：	
库存现金	盘点现金库中的现金	长期负债	长期负债减去一年内到期的负债
应收账款	盘点应收账款	短期负债	盘点短期借款
在制品	盘点生产线上的在制品	应付账款	盘点应付账款
产成品	盘点成品库中的成品	应交税费	根据利润表中的所得税填列
原材料	盘点原料库中的原料	一年内到期的长期负债	盘点一年内到期的长期借款
流动资产合计	以上五项之和	负债合计	以上五项之和
固定资产：		所有者权益：	
土地和建筑物	厂房价值之和	股东资本	股东不增资的情况下为 50M
机器和设备	设备价值之和	利润留存	上一年利润留存+上一年年度净利
在建工程	在建设备价值	年度净利	利润表中的净利润
固定资产合计	以上三项之和	所有者权益合计	以上三项之和
资产总计	流动资产合计+固定资产合计	负债和所有者权益总计	负债合计+所有者权益合计

表 4-6　利润表的编制

利 润 表 编报单位：百万元		
项目	行次	数据来源
销售收入	1	产品核算统计表中的销售额合计
直接成本	2	产品核算统计表中的成本合计
毛利	3	第 1 行数据-第 2 行数据
综合费用	4	管理费+广告费+维修费+租金+转产费+市场准入开拓+ISO 资格认证+产品研发+其他
折旧前利润	5	第 3 行数据-第 4 行数据
折旧	6	上年设备价值的 1/3 向下取整
支付利息前利润	7	第 5 行数据-第 6 行数据
财务收入/支出	8	借款、高利贷、贴现等支付的利息计入财务支出
其他收入/支出	9	出租厂房的收入、购销原材料的收入
税前利润	10	第 7 行数据+财务收入+其他收入-财务支出-其他支出
所得税	11	第 10 行数据÷3 取整
净利润	12	第 10 行数据-第 11 行数据

第四节　沙盘企业实战经营战略分析

在了解了沙盘企业的运营规则和具体工作流程之后，新的管理层已经迫不及待，想在新接手的企业中一展身手。那么，在实际操作过程中应当如何熟练运用规则？如何快速准确地做出分析判断？下面，我们列举了一些实战中常见的战略思路，帮助新任管理层更好地经营管理企业。

一、如果你是营销主管

1. 广告投放

新任管理层往往希望通过大量的广告投放来争取成为“市场老大”，因为规则告诉我们“市场老大”有优先选单的权利。但是，“市场老大”就是比谁的广告费多吗？其实不然。“市场老大”比较的是整体市场的总销售额，而非某个产品在某一市场的单一销量。举例说明：A 企业只有 P1 产品，B 企业拥有 P1、P2 两种产品，那么在选单过程中，即便 A 企业抢走了 P1 产品最大的一张订单，但只要 B 企业 P1、P2 两种产品的订单总额比 A 企业大，那么，无论 A 企业为了获得大单投放了多少广告，“市场老大”仍然不是 A 企业。所以，在争取“市场老大”时，不光要考虑广告投放量，还要考虑合理的产品组合，否则，不但争取不到“市场老大”，还会使得销售成本大幅增加，得不偿失。

2. 市场开拓

按照市场开拓规则，我们可以通过表 4-7 了解市场准入的最早时间。

表 4-7 市场准入最早时间

年度 市场	1	2	3	4	5
本地	●				
区域		●			
国内			●		
亚洲				●	
全球					●

注：●表示各市场准入时间。

在实战中，营销主管需要结合企业的战略目标和竞争对手的实际情况，考虑各个市场的开拓时间。

3. 参加订货会

参加订货会时，通常需要事先计算好企业的产能，甚至精确到每季度的产能以及是否通过转产来进行产品的灵活调整。不可盲目选单，否则争取到的订单就会由于产能计算失误而无法按期完成，这不仅影响企业的信誉，还会对企业后续的发展带来很大的影响。

在所有竞争企业广告投放完毕之后，营销主管需要迅速地分析企业在各个市场中的选单次序，并根据选单次序及时调整企业的产品生产计划，确保可以顺利实现最大化的产品销售目标。

企业发展的初期阶段，应当以尽可能多的销售产品为目标，而到了竞争的中后期，受产品和市场的多样化，以及部分经营不善的企业破产倒闭的影响，市场竞争的激烈程度可能会有所减弱。这时，把产品“卖完”已经不是首要任务了，如何精确地选择

“高价单”，把产品“卖好”，才是企业需要更多考虑的问题。

二、如果你是生产主管

1. 产能计算

为了精确计算产能，生产主管首先需要了解不同类型生产线的生产周期，如表 4-8 所示。通过了解不同生产线的生产周期以及产能，可以更加快速准确地推算产能。

表 4-8　生产线的生产周期及产能

生产线类型	年初在制品状态	各季度完成的生产	年生产能力
手工线四种状态	○ ○ ○	□ □ □ ■	1
	● ○ ○	□ □ ■ □	1
	○ ● ○	□ ■ □ □	1
	○ ○ ●	■ □ □ ■	2
半自动线三种状态	○ ○	□ □ ■ □	1
	● ○	□ ■ □ ■	2
	○ ●	■ □ ■ □	2
全自动/柔性线两种状态	○	□ ■ ■ ■	3
	●	■ ■ ■ ■	4

注：●表示在制品位置；■表示完工下线产品。

2. 生产线的建造、转产、变卖

按照规则，手工生产线生产一件产品需要 3 个周期，半自动生产线生产一件产品需要 2 个周期，全自动以及柔性生产线生产一件产品需要 1 个周期。不难看出，3 条手工生产线的产能等于 1 条全自动生产线的产能；购买 3 条手工生产线需要花费 15M，购买 1 条全自动生产线需要 16M；3 条手工生产线一年的维修费为 3M，全自动生产线一年的维修费为 1M；3 条手工生产线比 1 条全自动生产线多占用了厂房的 2 个生产位置，如果分摊厂房租金的话，3 条手工生产线分摊的租金是 1 条全自动生产线分摊租金的 3 倍。

同样，2 条半自动生产线的产能等于 1 条全自动生产线的产能；购买价格上两者相等；2 条半自动生产线 1 年的维修费为 2M，全自动生产线一年的维修费为 1M。

另外，1 条柔性生产线的购买价格为 24M，比全自动生产线高 8M，但柔性生产线残值比全自动生产线残值高 2M，所以两者的价格差为 6M；柔性生产线不需要转产周期，也没有转产费用，而全自动生产线转产周期为 2 期，并且需要花费 4M 的转产费，所以柔性生产线转产可以比全自动生产线转产多生产 2 个产品。

通过对比不同类型的生产线，可以看出柔性生产线更具性价比，从产品转产灵活性的角度来看，柔性生产线是最佳选择。当然，企业在发展初期资金紧张，而柔性生产线建造周期长、花费大也是需要考虑的问题。

手工生产线看似无用，但在实战中，可以巧妙利用手工生产线即买即用的特点，紧急生产产品。举例说明：某企业订单的数量大于实际产能，不能按期交货，这时可以在第 1 季度购买手工生产线，通过 3 个季度的生产在第 4 季度获得产品，同时，在期末将闲置手工生产线立即出售，这样可以解决订单无法实现的问题。当然，也可以采用紧急采购成品的方式救急，但这种方法成本更高。

3. 产品研发

在实战中，往往会出现产品研发完成，但生产线的建造还没有完成从而导致无法正常生产；或者生产线建造完成，产品研发却没有完成从而导致生产线白白空置的情况。所以，在实战中，产品研发与生产线的建造关系密切，最理想的状态是产品研发完成的同时生产线也刚好建成可以投入使用。

4. 厂房的购买与租赁

按照规则，大厂房购买价格为 40M，租金为 5M/年；小厂房购买价格为 30M，租金为 3M/年。通过购买的方式获得厂房要比租赁的方式节约资金。此外，如果利用贷款来购买厂房，假设长贷利率 10%，短贷利率 5%，那么利用长贷购买大厂房的利息为 4M，购买小厂房的利息为 3M；利用短贷购买大厂房的利息为 2M，购买小厂房的利息为 1.5M。所以，利用贷款的方式也比租赁的方式更节约资金。

三、如果你是采购主管

1. 零库存管理

由于资金的时间价值，在进行原材料采购时，最大限度地减少原材料对资金的占用，可以为企业创造更多的效益。在实战中，按照企业的生产计划，可以精确地计算原材料的种类数量，以及相应的采购时间。举例说明：某企业利用全自动线生产 P3 产品，P3 产品由 2 个 R2 和 1 个 R3 构成。假设需要在第 4 季度交 1 个 P3 产品，那么意味着在第 3 季度就需要上线生产。由于 R2 原材料需要提前 1 个季度采购，而 R3 原材料需要提前 2 各季度采购，那么作为采购主管，需要在第 1 季度下 1 个 R3 原材料订单，在第 2 季度下 2 个 R2 原材料订单，这样在第 3 季度 P3 产品上线生产时，原料库中相应的原材料才能按时供应。

2. 灵活库存管理

在熟练运用“零库存”管理的基础上，采购主管还需要考虑一些变数。在实战中，企业往往需要利用生产线转产来调整生产计划，如果追求绝对的“零库存”，就会导致企业不能根据选单情况灵活调整生产计划。因此，在企业需要调整生产计划时，原材料的采购计划应该多做几套方案，取各方案中原材料数额最大的，这样才能保证原材料供应的充足，不会出现“停工待料”等问题。

四、如果你是财务主管

1. 现金流的控制

现金流是企业的血液，一旦现金断流，企业就会破产。那么，现金是不是越多越好呢？当然不是。众所周知，现金是流动性最好但收益最差的资产形式，现金闲置在那里，不会给企业带来利润。我们要让“钱生钱”，也就是在保证现金流安全的前提下，尽可能提高资金的周转率，让企业的每一分钱都发挥它的作用，给企业带来更多的收益。此外，现金充裕，企业依然有可能破产。破产有两种情况，要么现金断流，要么权益为负。所以，有些企业有钱但却破产了，那必然是权益为负了。

作为财务主管，首先要保证企业现金不断流，其次，合理安排资金，降低资金成本，使股东权益最大化。

2. 融资策略

融资策略对企业至关重要，一旦企业的融资策略出现问题，要么财务费用居高不下，要么贷款到期没钱偿还，企业破产。所以，作为财务主管，在考虑融资方案时需要深思熟虑。

最为稳妥的融资方法当然是用长贷做长期投资，短贷做短期投资，但这种方法过于保守，不一定获得最大收益。

按照规则，长贷利率高于短贷利率，因此，尽可能多的用短贷的方式筹集资金可以有效减少财务费用。申请短贷可以采用“滚雪球”的办法。比如，在一年中的每个季度分别贷 20M，下一年 1 季度还掉到期的 20M 短贷后继续申请 20M 短贷，用来保证第 2 季度的还款，如此反复。只要企业权益不下降，就可以保证贷款额度不减少，从而达到以贷养贷的目的。当然，这种办法风险非常大，稍有不慎，企业的权益下降，那么企业在还贷后便无法用新增贷款来弥补资金链的空缺，使现金流断流，企业破产。

如果企业考虑更多的利用长贷来筹资，那么大量的长贷会使企业财务费用过高，侵蚀企业利润空间，使得企业发展缓慢，同时，当大量的长贷到期时，企业也可能因为没有足够的资金还贷而破产。当然，如果企业利用长贷还款压力小的特点，在起步阶段通过长贷获得资金来开拓市场、扩充产能，进而控制市场，获得丰厚的利润，加上利用削峰平谷的分期长贷方式（部分第四年还款，部分第五年还款），也可以取得意想不到的效果。

扫一扫下载完美预算表

第五章　模拟企业财务分析与评价

财务分析是以会计核算和报表资料及其他相关资料为依据，采用一系列专门的分析技术和方法，对企业过去和现在有关筹资活动、投资活动、经营活动、分配活动的盈利能力、营运能力、偿债能力和增长能力状况等进行分析与评价的经济管理活动。通过财务分析活动可以为企业的投资者、债权人、经营者及其他关心企业的组织或个人了解企业过去、评价企业现状、预测企业未来做出正确决策提供准确的信息或依据。

第一节　财务分析概述

一、财务分析的意义

1. 财务分析是评价企业财务状况、衡量企业经营业绩的重要依据

通过对企业资产负债表、利润表等相关资料的分析，计算企业偿债能力、营运能力、盈利能力和发展能力等相关指标，便于企业管理者及其他报表信息使用者了解企业财务状况和经营成果，并通过分析判断，合理评价企业经营管理者的工作业绩，并据此奖优罚劣，促进企业经营管理水平的不断提高。

2. 财务分析是挖掘企业潜力、提高企业经营管理水平的重要手段

企业财务管理的根本目的是实现企业价值最大化。通过对财务指标的分析，能够不断发现问题，并且及时解决问题。通过企业财务分析，可以保持和进一步发扬经营管理过程中的成功经验，对存在的问题及时提出解决的策略和措施，不断提高企业经营管理水平，努力实现企业财务管理目标。

3. 财务分析是投资者做出投资决策的重要依据

投资者及潜在投资者是企业重要的财务报表使用人，通过对企业财务报表的分析，可以了解企业偿债能力、营运能力、盈利能力以及发展能力，可以了解投资后的收益水平和风险程度，从而为投资决策提供必要的信息。

二、财务分析的基本方法

财务分析的基本方法主要包括比率分析法、结构分析法、比较分析法、趋势分析法等。

1. 比率分析法

比率分析法是通过计算各种比率指标来确定财务活动变动程度的方法，用相对数表示。比率分析法简单方便，在财务分析中应用广泛。比率指标的类型主要有构成比率、效率比率和相关比率三类。

（1）构成比率。构成比率又称结构比率，是某项财务指标的各组成部分数值占总体数值的百分比，反映部分与总体的关系。

（2）效率比率。效率比率是某项财务活动中所费与所得的比率，反映投入与产出的关系。

（3）相关比率。相关比率是以某个项目和与其有关但又不同的项目加以对比所得的比率，反映有关经济活动的相互关系。

采用比率分析法时，应当注意对比项目的相关性，对比口径的一致性以及衡量标准的科学性。

2. 结构分析法

结构分析法是把一张报表中的总合计为分母，其他各项目作为分子，以求出每一项目在总合计中的百分比，如：百分比资产负债表、百分比利润表。这种分析方法的目的是发现异常项目。

3. 比较分析法

比较分析法，是通过对比两期或连续数期财务报告中的相同指标，确定其增减变动的方向、数额和幅度，来说明企业财务状况或经营成果变动趋势的一种方法。

比较分析法的具体运用主要有重要财务指标的比较、会计报表的比较和会计报表项目构成的比较三种方式。

（1）不同时期财务指标的比较主要有定基动态比率和环比动态比率两种方法。定基动态比率是以某一时期的数额为固定的基期数额而计算出来的动态比率；环比动态比率是以每一分析期的数据与上期数据相比较计算出来的动态比率。

（2）会计报表的比较是将连续数期的财务报表金额并列起来，比较其相同指标的增减变动金额和幅度，据以判断企业财务状况和经营成果发展变化的一种方法。财务报表的比较具体包括资产负债表比较、利润表比较和现金流量表比较等。比较时，既要计算出表中有关项目增减变动的绝对值，又要计算出增减变动的百分比。

（3）会计报表项目构成的比较是以会计报表中的某个总体指标作为 100%，再计算出各组成项目占该总体指标的百分比，从而比较各个项目百分比的增减变动，以此来判断有关财务活动的变化趋势。

采用比较分析法时，应当注意用于对比的各个时期的指标，其计算口径必须保持一致，应剔除偶发性项目的影响，使分析所利用的数据能反映正常的生产经营状况，应运用例外原则对某项有显著变动的指标做重点分析。

4. 趋势分析法

趋势分析法是通过对财务报表中各类相关数字资料，将两期或多期连续的相同指标或比率进行定基对比和环比对比，得出它们的增减变动方向、数额和幅度，以揭示企业财务状况、经营情况和现金流量变化趋势的一种分析方法。

第二节　财务分析指标

一、偿债能力指标

偿债能力是指企业偿还到期债务（包括本息）的能力。偿债能力分析包括短期偿债能力分析和长期偿债能力分析。

1. 短期偿债能力分析

短期偿债能力是指企业流动资产对流动负债及时足额偿还的保证程度。它是衡量企业当前财务能力特别是流动资产变现能力的重要标志。

短期偿债能力的衡量方法有两种：一种是比较债务与可供偿债资产的存量，这类指标属于存量指标，主要有流动比率、速动比率和现金比率等；另一种是比较偿债所需现金和经营活动产生的现金流量，这类指标属于流量指标，主要指现金流动负债比率。这里主要介绍流动比率和速动比率。

（1）流动比率。流动比率是流动资产与流动负债的比率。它表明企业每 1 元流动负债有多少流动资产作为偿还保证，反映企业用可在短期内转变为现金的流动资产偿还流动负债的能力。其计算公式为流动比率 =（流动资产÷流动负债）×100%。流动资产与流动负债的差额称为营运资本，是企业在某一时点一流动资产归还和抵偿流动负债后的剩余。

在运用流动比率时，需要注意以下问题：

①一般情况下，流动比率越高，反映企业短期偿债能力越强，债权人的权益越有保证。如果流动比率过低，企业可能难以如期偿还债务。但流动比率也不宜过高，过

高表明流动资产占用较多，资金使用效率不高。

②流动比率高，并不代表企业一定能及时足额偿还债务，这主要取决于存货和应收账款的变现能力（周转速度）。

③通常认为流动比率为200%较为合适，但不同行业、不同企业以及同一企业不同时期流动比率的评价标准不同，不能用统一的标准来评价各企业流动比率合理与否。

④在分析流动比率时应剔除一些虚假因素的影响。

（2）速动比率。速动比率是指企业速动资产与流动负债的比率。速动资产，是指可以在较短时间内变现的资产，包括货币资金、交易性金融资产和应收款项。其他的流动资产，包括预付账款、存货、一年内到期的非流动资产及其他流动资产等，称为非速动资产。速动比率的计算公式为速动比率=（速动资产÷流动负债）×100%。速动比率表明每1元流动负债有多少速动资产作为偿还保障。由于剔除了存货等变现能力较弱且不稳定的资产，因此，速动比率较之流动比率能够更加准确、可靠地评价企业资产的流动性及偿还短期负债的能力。

在运用速动比率时，需要注意以下问题：

①一般情况下，速动比率越高，表明企业偿还流动负债的能力越强。但是，速动比率过高时，尽管债务偿还的安全性很高，却会因资金占用过多而增加企业的机会成本，造成盈利能力下降。

②由于速动资产的主要构成部分是应收账款，账面上的应收账款不一定都能变成现金，实际坏账可能比计提的准备要多，因此，影响速动比率可信度的重要因素是应收账款的变现能力。

③速动比率低，并不代表企业一定不能偿还债务。如果流动比率较高，并且存货变现能力强，即使速动比率低，企业仍有望偿还到期债务。

④通常认为速动比率为100%较为合适，但和流动比率一样，不同行业的速动比率差别很大。例如采用大量现金销售的商店，几乎没有应收账款，速动比率大大低于1是很正常的；相反，一些应收账款较多的企业，速动比率可能要大于1。

2. 长期偿债能力分析

长期偿债能力，是指企业偿还长期负债的能力。其衡量指标也可分为存量指标（资产负债率、产权比率、权益乘数、长期资本负债率和带息负债比率等）和流量指标（已获利息倍数、现金流量利息保障倍数和现金流量债务比等）两大类。这里主要介绍资产负债率和产权比率。

（1）资产负债率。资产负债率又称负债比率，指企业负债总额与资产总额的比率。其计算公式为资产负债率=（负债总额÷资产总额）×100%。资产负债率表明企业资产总额中债权人提供的资本所占的比重，以及企业资产对债权人权益的保障程度。

在运用资产负债率时，需要注意以下问题：

①一般情况下，资产负债率越小，表明企业长期偿债能力越强。因此，从债权人的角度来说，他们希望该指标越小越好，这样企业偿债才有保证。但是，从企业所有者来说，如果该指标过小，则表明企业对债务的财务杠杆利用不够好；如果该指标过大，则企业债务负担过重，企业资本实力不强，不仅对债权人不利，而且企业也有濒临倒闭的危险。

②企业的长期偿债能力与盈利能力密切相关，因此，企业的经营决策者应当将偿债能力指标（风险）与盈利能力指标（收益）结合起来分析，予以平衡考虑。

③保守的观点认为资产负债率不应高于 50%，而国际上通常认为资产负债率等于 60%时较为适当。事实上，不同行业、处于不同生命周期的企业，资产负债率有较大差异。如何确定一个合理的资产负债率水平，涉及资本结构的决策。

（2）产权比率。产权比率也称资产负债率，是指企业负债总额与所有者权益总额的比率。其计算公式为产权比率 =（负债总额÷所有者权益总额）×100%。

在运用产权比率时，需要注意以下问题：

①一般情况下，产权比率越低，表明企业的长期偿债能力越强，债权人权益的保障程度越高，承担的风险越小，但企业不能充分发挥负债的财务杠杆效应。产权比率越高，企业的负债程度越高，财务风险加大。所以，从债权人的角度来说，产权比率越低越好；从企业所有者的角度来说，则希望产权比率适度。

②产权比率与资产负债率对评价偿债能力的作用基本相同，两者的主要区别是：资产负债率侧重说明债务偿付的物质保障程度；产权比率则强调权益资本对偿债风险的承受能力。

二、营运能力分析

营运能力是指企业基于外部市场环境的约束，通过内部人力资源和生产资料的配置组合而对财务目标实现所产生作用的大小。因此，营运能力分析应包括人力资源营运能力分析和生产资料营运能力分析。下面只介绍生产资料营运能力分析的内容。

1. 资产周转速度的衡量指标

资产周转速度通常用周转率和周转期表示。

周转率是企业在一定时期内资产完成的周转额与资产平均余额的比率。它反映企业资产在一定时期的周转次数。这是反映资产周转速度的正指标，一般来说，周转次数越多，表明周转速度越快，资产营运能力越强。其计算公式为周转率 = 周转额÷平均资产余额×100%。

周转期是计算期天数与周转次数之比，反映资产周转一次所需要的时间（天数）。这是反映资产周转速度的反指标，一般来说，周转期越短，表明周转速度越快，资产营运能力越强。其计算公式为周转期=计算期天数÷周转次数。

2. 资产周转情况的分析

（1）流动资产周转情况分析。反映流动资产周转情况的指标主要有存货周转率、应收账款周转率和流动资产周转率。

①存货周转率。存货周转率是反映企业资产流动性的一个重要指标，也是衡量企业生产经营各环节中存货运营效率的一个综合指标。存货周转速度的快慢，不仅反映出企业采购、储存、生产、销售各环节管理工作状况的好坏，而且对企业的偿债能力及获利能力产生决定性影响。其计算公式为存货周转率=当期销售成本÷当期平均存货×100%。

一般来说，存货周转率越高越好。存货周转率越高，表明其变现的速度越快，周转额越大，资产占用水平越低。但是，过高的存货周转率也可能是存货不足形成的，这样会影响生产经营的正常进行。存货是流动资产的重要组成部分，其质量和流动性对企业流动比率具有举足轻重的影响，存货质量和周转情况直接影响企业的短期偿债能力。

②应收账款周转率。应收账款周转率反映了企业应收账款变现速度的快慢和管理效率的高低。其计算公式为应收账款周转率=当期销售净额÷当期平均应收账款×100%。

一般情况下，应收账款周转率越高越好。应收账款周转率高，表明收账迅速，账龄较短；资产流动性强，短期偿债能力强；可以减少应收账款的机会成本、收账费用和坏账损失。但是，也不能认为应收账款周转率一定是越高越好，周转率越高，可能是企业更多地采用了现金销售的方式，或者执行了更加严格的信用政策，这样会限制企业销售的扩大，影响盈利水平。

③流动资产周转率。流动资产周转率的计算公式为流动资产周转率=平均流动资产总额×360÷营业收入×100%。一般情况下，流动资产周转率越高越好。流动资产周转率高，表明以相同的流动资产完成的周转额较多，流动资产利用效果较好。流动资产周转一次所需要的天数越少，表明流动资产在经历生产和销售各阶段时所占用的时间越短。生产经营任何一个环节的工作改善，都会反映到周转天数的缩短上来。通常，流动资产中应收账款和存货占绝大部分，因此，它们周转的状况对流动资产周转具有决定性影响。

（2）非流动资产周转情况分析。反映非流动资产周转情况的指标主要有固定资产周转率和非流动资产周转率。

①固定资产周转率。固定资产周转率的计算公式为固定资产周转率=营业收入÷平均固定资产净值×100%。

一般情况下，固定资产周转率越高越好。固定资产周转率高，表明企业固定资产利用充分，固定资产投资得当，固定资产结构合理，能够充分发挥效率。

在计算固定资产周转率时，固定资产应按净值计算。固定资产净值是固定资产原值与累计折旧的差额，但资产负债表中的固定资产是固定资产净额，即固定资产原值扣除累计折旧和已计提减值准备后的余额。因此，当减值准备较大时，不能直接使用资产负债表中的数据，而应根据报表附注资料将报表中的净额调整为净值。

②非流动资产周转率。非流动资产周转率反映非流动资产的管理效率。对绝大多数企业来说，固定资产在非流动资产中占有相当高的比重，因此，固定资产的周转情况在很大程度上决定了非流动资产的周转。

（3）总资产周转情况分析

衡量总资产周转情况的主要指标是总资产周转率，它可以用来反映全部资产的利用效率。其计算公式为总资产周转率=当期销售收入÷当期平均总资产×100%。

总资产周转率越高，表明企业全部资产的使用效率越高；反之，如果该指标较低，则说明企业利用全部资产进行经营的效率较差，最终会影响企业的盈利能力。企业应当采取各种措施来加强资产利用程度。

三、盈利能力分析

盈利能力指企业资金增值的能力，通常表现为企业收益数额的大小与水平的高低。将有关利润指标与营业收入、成本费用、资产、资本等进行对比，可以从不同角度来评价企业的盈利能力。

1. 经营盈利能力分析

经营盈利能力分析是通过企业生产经营过程中的收入、成本费用和利润之间的比例关系来研究和评价企业的获利能力。

（1）营业毛利率。营业毛利率是指企业一定时期内营业毛利与营业收入的比率。它表示 1 元营业收入扣除营业成本后有多少钱可以用于补偿各项期间费用和形成盈利。其计算公式为营业毛利率=营业毛利÷营业收入×100%。

毛利是企业最终实现利润的基础，毛利率越高，表明营业成本在营业收入中所占比重越小，企业通过销售活动实现利润的能力越强。不同行业、不同产品的毛利率往往差异较大，企业的经营战略、竞争地位也会在很大程度上影响毛利率。

（2）营业利润率。营业利润率是企业一定时期内营业利润与营业收入的比率。其计算公式为营业利润率＝营业利润÷营业收入×100%。

营业利润率越高，表明企业市场竞争力越强，发展潜力越大，盈利能力越强。在毛利率一定的情况下，营业利润率的高低主要取决于销售费用、管理费用和财务费用等期间费用的变动。

（3）营业净利率。营业净利率是指企业一定时期内净利润与营业收入的比率。其计算公式为营业净利率＝净利润÷营业收入×100%。

营业净利率越高，表明企业盈利能力越强。从营业利润到净利润，受两个因素影响：一是营业外收支；二是所得税税率。营业外收支在正常情况下对净利润的影响较小。而所得税税率在较长时期保持稳定，并且是企业不能左右的。因此，营业利润率从根本上决定了营业净利率的高低。

（4）成本费用利润率。成本费用利润率是指企业一定时期内利润总额与成本费用总额的比率。其计算公式为成本费用利润率＝利润总额÷成本费用总额×100%。

成本费用利润率越高，表明企业为取得利润而付出的代价越小，成本费用控制得越好，盈利能力越强。

2. 资产盈利能力分析

资产盈利能力反映企业利用经济资源创造利润的能力。

（1）总资产报酬率。总资产报酬率是企业一定时期内获得的息税前利润总额与平均资产总额的比率。其计算公式为总资产报酬率＝息税前利润总额÷平均资产总额×100%。

总资产报酬率反映了企业利用每 1 元经济资源在经营活动中所获得的报酬。它是反映企业资产综合利用效果的指标，它不受资本结构的影响，全面地反映了企业全部资产的获利水平。

一般情况下，该指标越高，表明企业的资产利用效益越好，企业盈利能力越强，经营管理水平越高。企业还可以将该指标与市场资本利率进行比较，如果前者较后者大，则说明企业可以充分利用财务杠杆，适当举债经营，以获得更多收益。

（2）总资产净利率。总资产净利率是指净利润与平均资产总额的比率。其计算公式为总资产净利率＝净利润÷平均资产总额×100%。

它反映公司从 1 元受托资产中得到的净利润。该指标有较强的综合性，可以综合反映企业总资产为企业所有者创造利润的能力。

3. 资本盈利能力分析

资本盈利能力反映企业的所有者通过投入资本在生产经营过程中所取得利润的

能力。

（1）权益净利率。权益净利率也叫净资产收益率、股东权益收益率，是企业一定时期内净利润与平均所有者权益的比率。其计算公式为权益净利率＝净利润÷平均所有者权益×100%。

权益净利率是评价企业自有资本及其积累获取报酬水平的最具综合性与代表性的指标，反映企业资本运营的综合效益。权益净利率越高，企业自有资本获取收益的能力越强，运营效益越好，对企业投资人、债权人利益的保证程度越高。

（2）资本收益率。资本收益率是企业一定时期内净利润与平均资本的比率。资本收益率的计算公式为资本收益率＝净利润÷平均资本×100%。

资本收益率反映了所有者实际投入企业资本的回报水平。

四、发展能力分析

发展能力，是企业在生存的基础上扩大规模、壮大实力的潜在能力。我们可以从营业收入、利润、资产、资本等方面的增长趋势来评价企业的发展能力。

1. 盈利增长能力分析

（1）营业收入增长率。营业收入增长率是指企业本年营业收入增长额与上年营业收入总额的比率，反映企业营业收入的增减变动情况。其计算公式为营业收入增长率＝本年营业收入增长额÷上年营业收入×100%。

营业收入增长率是评价企业成长状况和发展能力的重要指标。它是衡量企业经营状况和市场占有能力、预测企业经营业务拓展趋势的重要标志。该指标越高，表明增长速度越快，企业市场前景越好。

（2）营业利润增长率。营业利润增长率是指企业本年营业利润增长额与上年营业利润总额的比率，反映企业营业利润的增减变动情况。其计算公式为营业利润增长率＝本年营业利润增长额÷上年营业利润×100%。

营业利润增长越大，说明企业营业利润增长越快，表明企业业务突出、业务扩张能力强。

（3）净利润增长率。净利润增长率是指企业本年净利润增长额与上年净利润的比率。其计算公式为净利润增长率＝本年净利润增长额÷上年净利润×100%。

净利润的增长情况是企业发展能力的基本表现。净利润增长率越大，表明企业收益增长越多，企业经营业绩突出，市场竞争力越强。

2. 资产增长能力分析

资产增长能力分析是从企业资产规模的变化上来衡量企业的发展能力。评价指标主要是总资产增长率。

总资产增长率是企业本年总资产增长额与年初资产总额的比率。其计算公式为总资产增长率=本年总资产增长额÷年初资产总额×100%。

总资产增长率是从企业资产总量扩张方面来衡量企业的发展能力，表明企业规模增长水平对企业发展后劲的影响。该指标越高，表明企业一定时期内资产经营规模扩张的速度越快。在实际分析时，应注意考虑资产规模扩张的质和量的关系，以及企业的后续发展能力，避免资产盲目扩张。

3. 资本增长能力分析

资本增长能力分析是从资本实力的变化来评价企业的发展能力。

（1）资本积累率。资本积累率也称资本增长率，是指企业本年股东权益增长额与年初股东权益的比率。其计算公式为资本积累率=本年所有者权益增长额÷年初所有者权益×100%。

资本积累率是企业当年股东权益总的增长率，反映了股东权益在当年的变化水平，体现了企业资本的积累情况，是企业发展强盛的标志，也是企业扩大再生产的源泉，展示了企业的发展潜力。资本积累率越高，表明企业的资本积累越多，应付风险、持续发展的能力越强。

（2）资本保值增值率。资本保值增值率是指企业扣除客观因素后的本年年末股东权益总额与年初股东权益总额的比率，反映企业在自身努力下当年资本的实际增减变动情况。其计算公式为资本保值增值率=扣除客观因素后的年末所有者权益总额÷年初所有者权益总额×100%。

资本保值增值率越高，表明企业的资本保全状况越好，所有者权益增长越快，债权人的权益越有保障。该指标通常应大于100%。

第三节　财务综合分析体系

所谓财务综合分析，就是将对企业偿债能力、营运能力、盈利能力和发展能力等多方面的分析纳入一个有机的整体之中，对企业财务状况、经营成果进行全面的揭示与披露，从而对企业经济效益的优劣做出准确的评价与判断的一种分析方式。

财务综合分析、评价的方法比较多，这里主要介绍应用较为广泛的杜邦财务分析体系。

一、杜邦财务分析体系

杜邦分析体系，是利用各财务指标间的内在关系，对企业综合经营理财及经济效益进行系统分析评价的方法。该体系以权益净利率为核心，将其分解为若干财务指标，通过分析各分解指标的变动对权益净利率的影响来揭示企业获利能力及其变动原因。其分解关系式如图 5-1 所示。

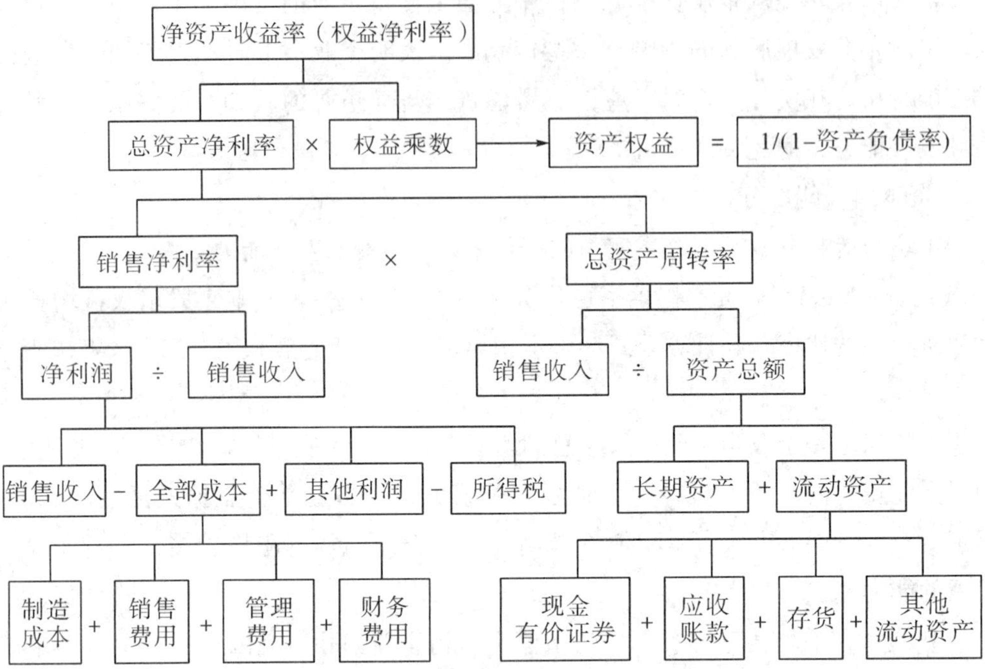

图 5-1　杜邦分析图解

1. 杜邦分析体系的基本原理

（1）杜邦分析体系的核心比率是权益净利率（ROE）。权益净利率具有很强的综合性，具有高度的可比性，同时，权益净利率能体现财务管理目标的要求。

（2）杜邦分析体系是对资产负债表和利润表的概括。其中，营业净利率（销售净利率）是利润表的概括；权益乘数是资产负债表的概括；总资产周转率把利润表和资产负债表联系起来，反映全部资产的利用效率。

（3）杜邦分析体系揭示了企业的经营战略与财务政策的关系。其中，从权益净利率中分解出来的营业净利率和总资产周转率，可以反映企业的经营战略；从权益净利率中分解出来的权益乘数，可以反映企业的财务政策。

2. 运用杜邦分析体系需注意的问题

（1）权益净利率高低的决定因素主要有三个，即营业净利率、总资产周转率和权益乘数。通过分解，使得权益净利率这个综合性指标发生变化的原因具体化，从而比只用一项综合性指标更具说服力。

（2）营业净利率反映了企业净利润和销售收入之间的关系，它的高低取决于销售收入与成本总额的高低。

（3）资产总额由流动资产和非流动资产构成，它们的结构是否合理将直接影响资产的周转速度。

（4）权益乘数主要受资产负债率的影响。资产负债率越高，权益乘数就越高，说明越高的企业负债程度在给企业带来财务杠杆利益的同时，也带来了较大的风险。

第四节　企业综合评价

常规的企业经营业绩评价，更多采用的是传统财务指标，但财务指标反映的是企业的过去，并不能指示出企业的未来。过分依赖财务指标，还会导致管理者目光短浅，缺乏长远意识，使得企业逐渐丧失竞争优势。

在“ERP 沙盘模拟实验”课程中，如何使得财务评价更接近实际？如何使得财务评价的结果更多地反映企业未来的发展和成长？在综合考虑各方面因素的基础之上，我们给出了如下公式：

总体评价成绩=所有者权益×（1+企业综合发展潜力/100）

企业综合发展潜力要综合考虑企业目前的资产状况、市场的开拓情况、新产品的研发情况以及所取得的资格认证等因素。

扫一扫下载经营统计表

第六章　创业者电子沙盘简介

创业者电子沙盘是一种模拟企业经营活动的软件，它继承了 ERP 物理沙盘形象直观的特点，同时实现了选单、经营过程、报表生成、赛后分析的全自动，将教师从选单、报表录入、监控比赛等活动中彻底解放出来，将教学的重点放在企业经营活动本身。

第一节　电子沙盘教师端

创业者电子沙盘的应用分为教师端和学生端两部分。在使用创业者电子沙盘之前应确保服务器上已插入加密狗并双击启动服务。教师端可以以两种身份登录，一种是超级用户身份；一种是管理员身份。

一、以超级用户身份登录教师端

超级用户是系统自带的不能更改的一个管理员，主要权限包括：确定分组方案、设置系统运行参数、管理系统用户等。超级用户不能参与到企业的运行管理。

在 IE 浏览器地址栏输入“http://服务器名或服务器地址/manage/login.asp”，出现管理员登录界面，如图 6-1 所示。输入超级用户名 admin，密码 admin。

1. 系统参数设置

系统参数的设置是用来设置企业运行过程中由系统自动运行的一些规则，参数的设置可以让电子沙盘的操作更灵活。可设置的参数如图 6-2 所示。

注意：

- 学生端退出系统后才可以修改参数。
- 企业经营过程中不能修改系统参数。

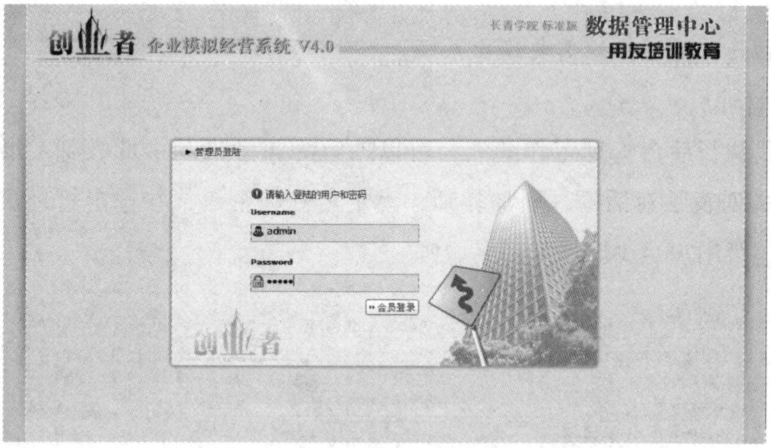

图 6-1　超级用户登录

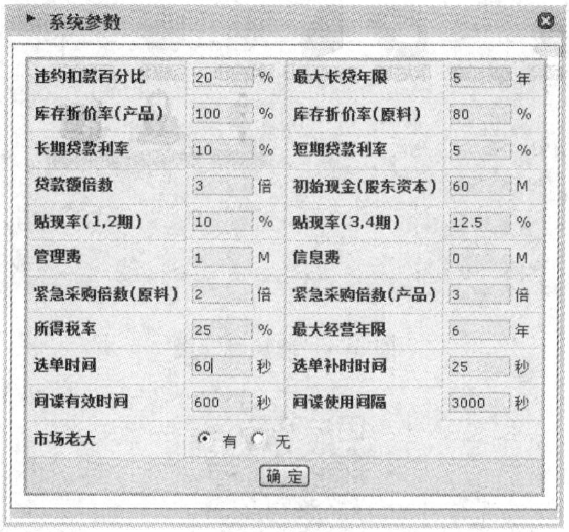

图 6-2　系统参数设置

2. 数据初始化

通过数据初始化可以设定参与竞争的企业数量，并按照分组方案预置参训的用户名和用户初始状态，所有经营数据清零。数据初始化如图 6-3 所示。

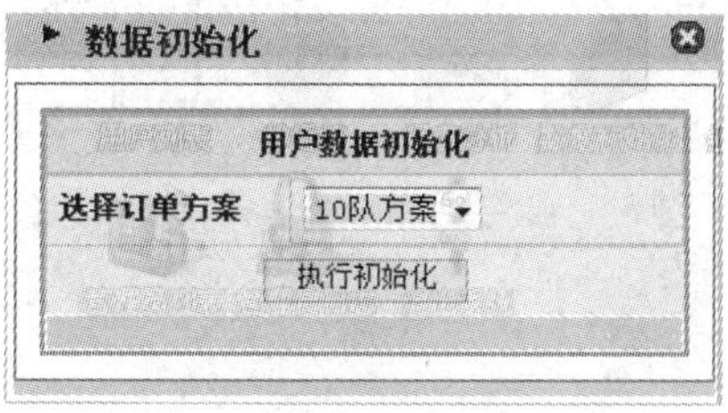

图 6-3　数据初始化

注意：

●数据初始化时学生端需要退出系统。

3. 增加管理员

管理员是执行后台管理工作的人，可以理解为教学活动中的教师。增加管理员要进入“管理员列表”对话框，增加教师，设定名称和密码，并选定管理员权限，如图 6-4 所示。超级用户至少要增加一名教师。

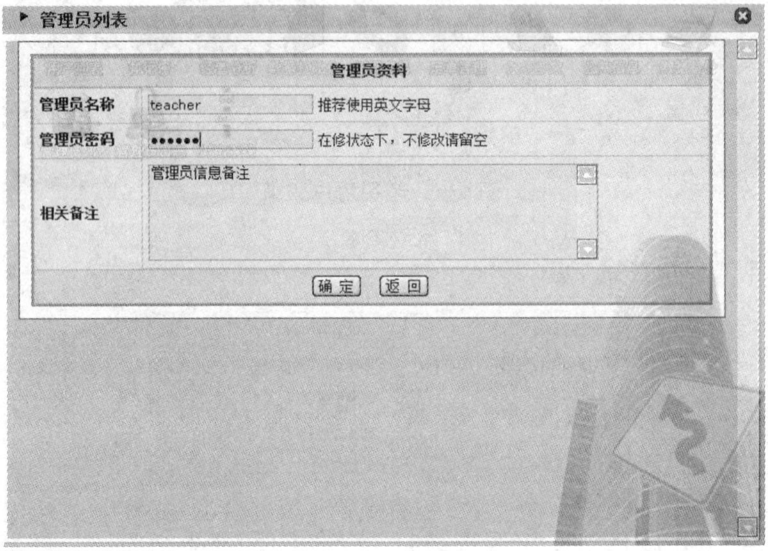

图 6-4　增加管理员

查看管理员操作视频

4. 数据的备份和恢复

教学用电子沙盘的计算机一般都安装有还原卡，所以每次课程结束后，需要进行数据的备份，以便下次课将备份的数据恢复。数据备份如图 6-5 所示。

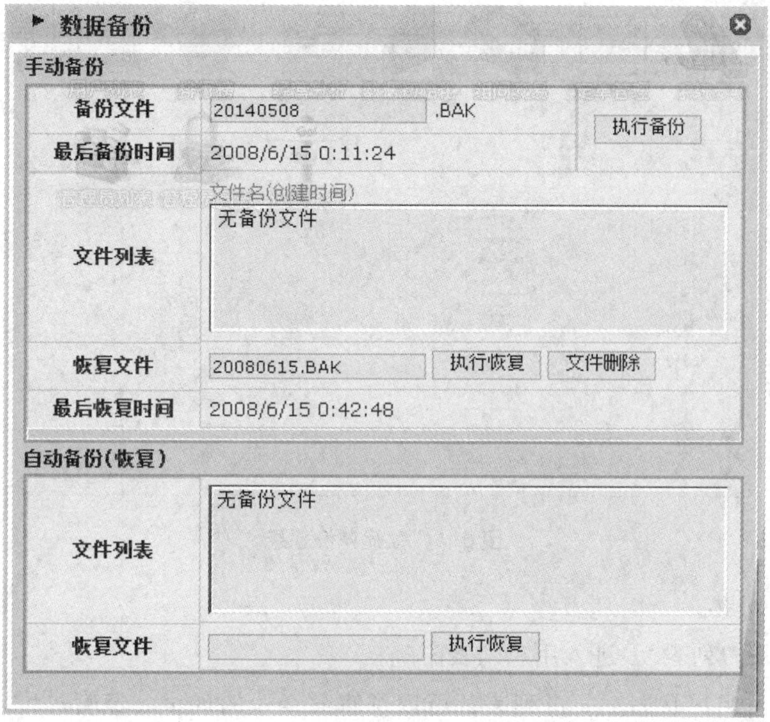

图 6-5　数据备份

查看数据备份操作视频

二、以教师身份登录教师端

在超级用户状态下，我们增加了教师用户。教师组织课程并对系统运行进行控制。教师可以在课程进行过程中查看用户列表、组织订货会、查看排名、进行经营分析、公共信息管理和数据备份等。

用教师身份重新登录，进入教师机管理主界面，如图 6-6 所示。

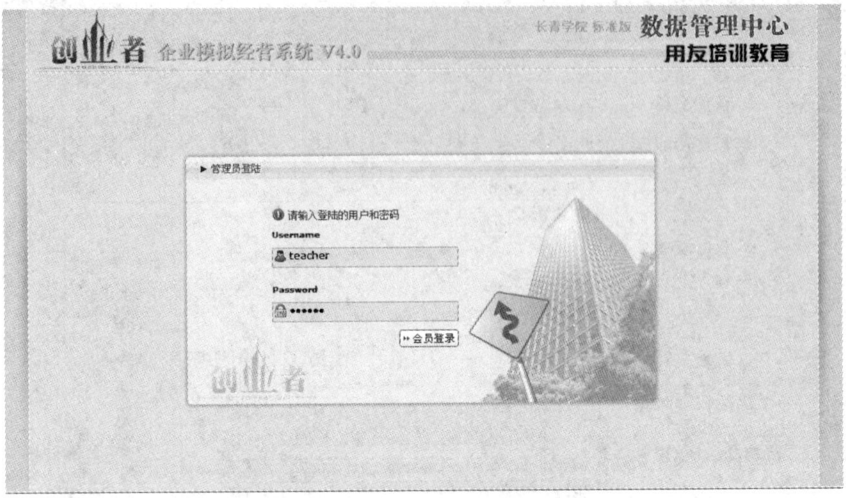

图 6-6　教师身份登录

1. 用户列表

双击“用户列表”，进入用户列表窗口。

（1）查看用户状态。通过列表，可以了解各企业的现金、经营进度及用户状态，用户状态分为新用户、经营中和破产三种，如图 6-7 所示。

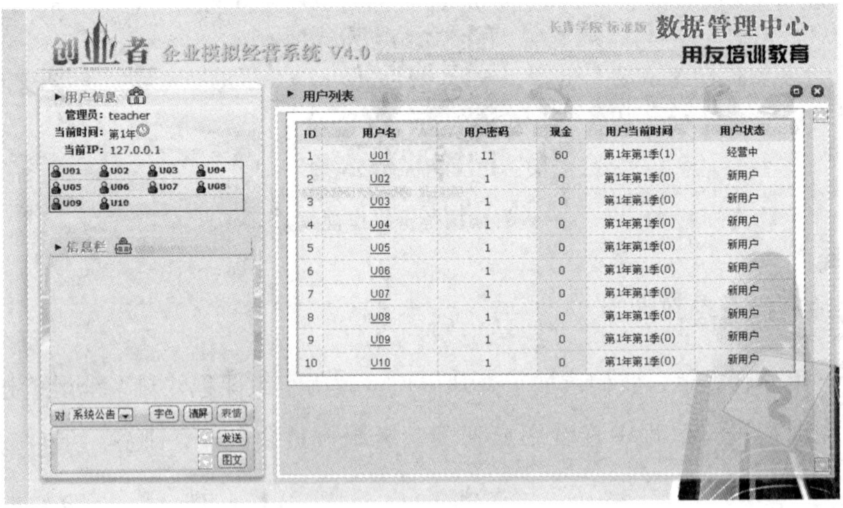

图 6-7　用户列表

（2）修改用户状态。为了使用户能够在非正常情况下继续经营，可以在用户列表中直接单击用户名，进入用户信息查看，并进行修改状态和增加现金的操作，如图 6-8 所示。

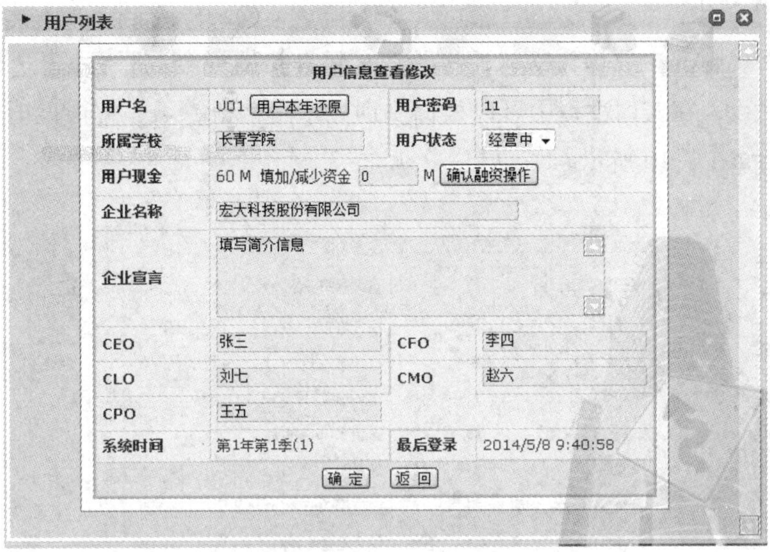

图 6-8　用户信息查看

注意：

●不参与经营的用户状态一定要设置为“新用户”。

●可以将破产用户的状态设置为“经营中”，使其继续经营。

●可以通过增加现金的操作，额外补充现金。

2. 经营分析

通过经营分析可以查看用户各年份的销售分析、成本效益分析和财务指标分析，了解用户经营状况，如图 6-9 所示。

图 6-9　经营分析

3. 数据初始化

系统应用规则及参数均为默认，初始状态只有初始资金，厂房、生产线等在企业成立后陆续建设；在实训过程中可以根据受训者水平修改参数，修改随时生效（初始资金除外），如图 6-10 所示。

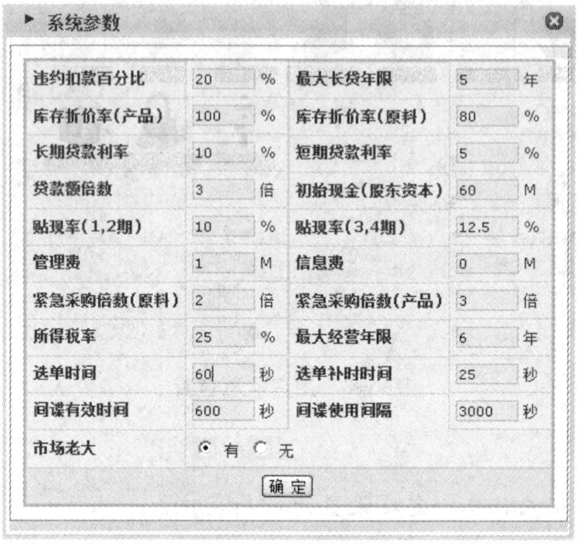

图 6-10　数据初始化

注意：

●必须先确定分组方案，再修改系统参数。

●初始资金为 60M，初次经营可放宽至 70M～100M。

4. 订单管理

可以通过“订单管理”查看用户的广告投放情况，如图 6-11 所示。

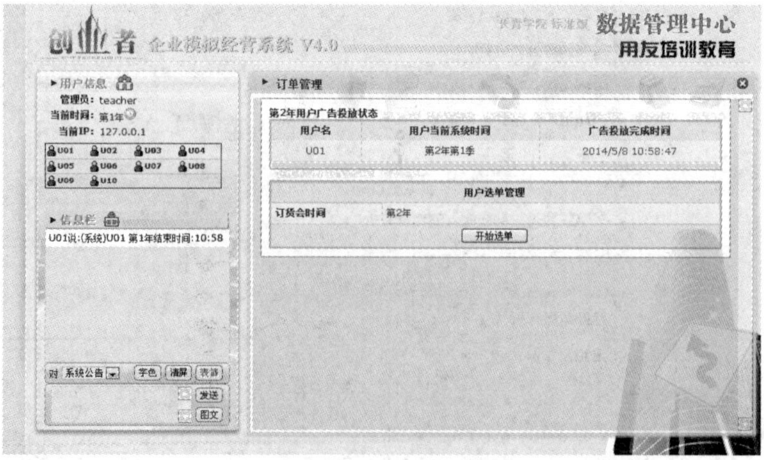

图 6-11　订单管理

各用户投放广告完成后，管理员可以单击“开始选单”按钮，开始竞单。

注意：

- 破产用户不会出现在广告投放状态中，故不能参加竞单。
- 选单过程中不要退出管理员窗口，可查看选单情况。

5. 公共信息

在实训过程中可以定期发布公共信息，各用户可以根据公共信息调整自己的战略。通过公共信息可以查看各年份的综合费用表、利润表、资产负债表、各用户广告投放信息及当年的各市场老大，如图 6-12 所示。

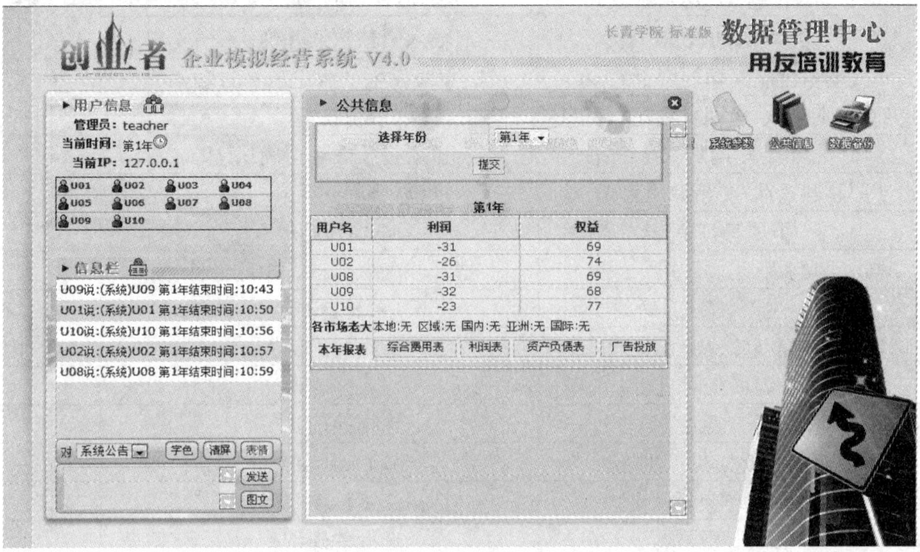

图 6-12　公共信息

注意：

- 市场老大一定要等所有企业都提交完当年的报表后才能生效。

查看教师端操作视频

第二节　电子沙盘学生端

电子沙盘操作流程如表 6-1 所示。

表 6-1　电子沙盘操作流程

操作顺序	企业经营流程	每执行完一项操作，CEO 请在相应方格内打"√"。	手工记录
	手工操作流程	系统操作	手工记录
年初	新年度规划会议		
	广告投放	输入广告费并确认	
	参加订货会选订单/登记订单	选单	
	支付应付税（25%）	系统自动	
	支付长贷利息	系统自动	
	更新长期贷款/长期贷款还款	系统自动	
	申请长期贷款	输入贷款数额并确认	
1	季初盘点（填写余额）	产品下线，生产线完工（自动）	
2	更新短期贷款/短期贷款还本付息	系统自动	
3	申请短期贷款	输入贷款数额并确认	
4	原材料入库/更新原料订单	需要确认金额	
5	下原料订单	输入并确认	
6	购买/租用厂房	选择并确认，自动扣现金	
7	更新生产/完工入库	系统自动	
8	新建/在建/转产/变卖生产线	选择并确认	
9	紧急采购（随时进行）	输入并确认	
10	开始下一批生产	选择并确认	
11	更新应收款/应收款收现	需要输入到期金额	
12	按订单交货	选择交货订单并确认	
13	产品研发投资	选择并确认	
14	厂房出售（买转租）/退租/租转买	选择确认，自动转应收账款	
15	新市场开拓/ISO 资格	仅第四季度允许操作	
16	支付管理费/更新厂房租金	系统自动	
17	出售库存	输入并确认（随时进行）	
18	厂房贴现	随时进行	
19	应收账款贴现	输入并确认（随时进行）	
20	季末收入合计		
21	季末支出合计		
22	季末现金对账		
年末	缴纳违约订单罚款（20%）	系统自动	
	支付设备维护费	系统自动	
	计提折旧	系统自动	
	新市场/ISO 资格换证	系统自动	
	结账		

一、学生端登录系统

1. 登录系统

在 IE 浏览器地址栏输入“http://服务器名或服务器地址/member/login.asp”，出现学生登录界面，如图 6-13 所示。一个虚拟企业一个登录账号，如 U01、U02 等，初始密码均为“1”。

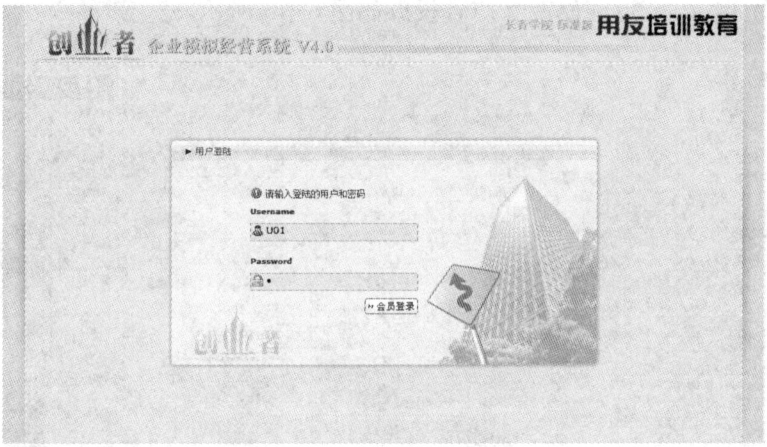

图 6-13 学生登录

2. 用户登记

在此输入用户登记信息，需要输入新密码、所属班级、企业名称、公司简介和团队分工，如图 6-14 所示。信息填写完毕后单击“登记确认”，公司注册成功，开始运营。

图 6-14 用户登记

二、年初任务

1. 投放广告

在每年年初进行广告投放，参加订货会时必须在想要进入的市场中投放广告。没有获得市场准入资格时不能打开投放广告窗口；在投放广告窗口中，市场名称为红色表示该市场尚未开发完成，不可投放广告。所有市场广告投放完成后，单击“确认投放”按钮，退出后不能返回修改。广告投放如图 6-15 所示。

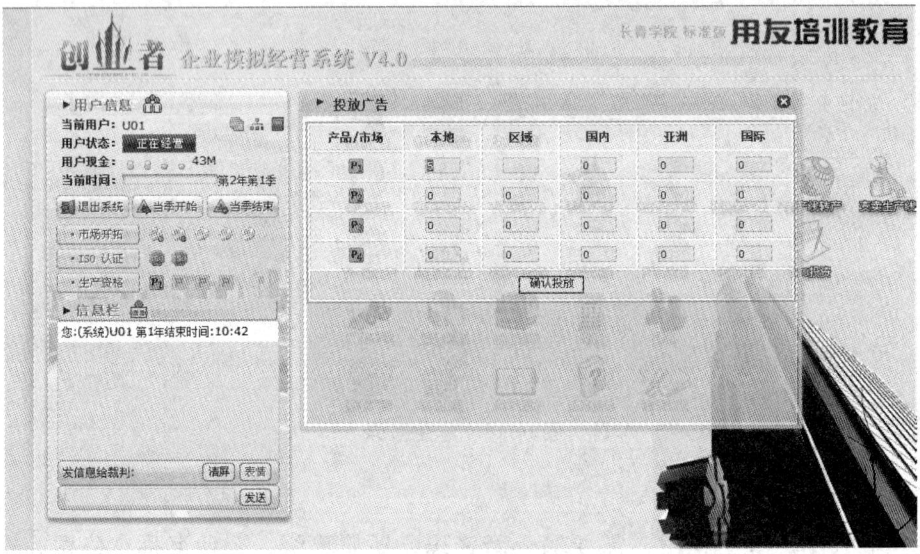

图 6-15 投放广告

广告投放完成后，可以通过广告查询，查看已经完成广告投放的其他用户广告投放情况；广告投放确认后，长贷本息及税金自动扣除。每个市场至少投放 1M 广告，以后每多投 2M 广告理论上可以获得多一轮选单机会。

2. 参加订货会

所有用户广告投放完毕后，教师端单击“开始选单”按钮，学生端就可以开始选单了。订货会如图 6-16 所示。

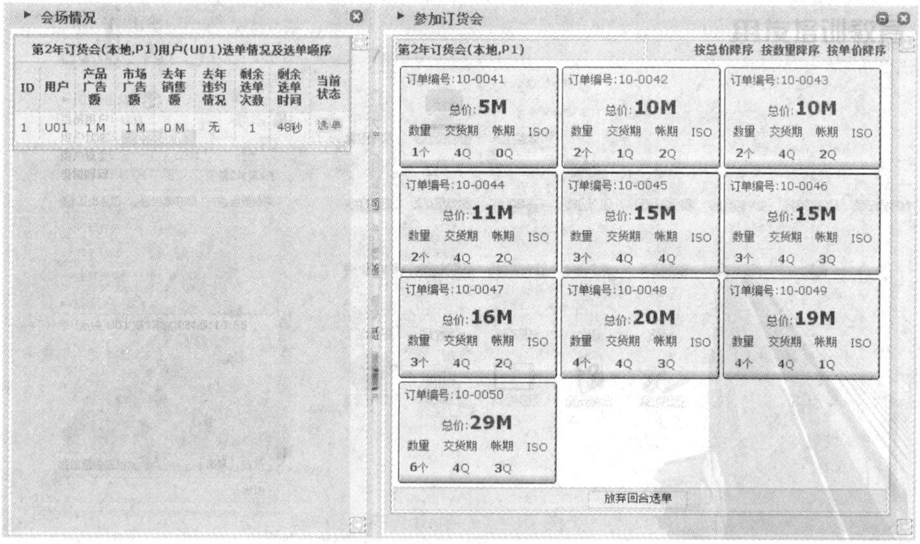

图 6-16　参加订货会

订货会界面的左侧显示进入每个细分市场有几个用户，每个用户的该产品广告投放额、该市场广告投放额、去年销售额、去年违约情况、剩余选单次数和剩余选单时间。系统自动排列选单顺序，有权限的选单企业必须在倒计时内选单，否则系统视为放弃本回合选单；系统自动判定是否拥有 ISO 资格；企业可以放弃本回合选单及本年选单，但仍可以查看其他企业的选单情况。

在订货会界面的右侧，当订单变绿后，可以选单，订单上显示订单编号、总价、数量、交货期、账期和是否需要 ISO 认证。企业根据自己的实际情况选取适宜的订单。系统中将某市场某产品的选单过程称为回合，每回合选单可能有若干轮，每轮选单中，各企业根据排定的顺序依次选单，但只能选一张订单。当所有用户都选完一次后，若还有剩余的订单，再进行第二轮选单，以此类推，直到所有订单被选完或所有用户退出选单为止，本回合结束。

查看订货会操作视频

3. 申请长贷

长期贷款的申请在每年的年初进行，每年只能操作一次。长贷申请如图 6-17 所示。

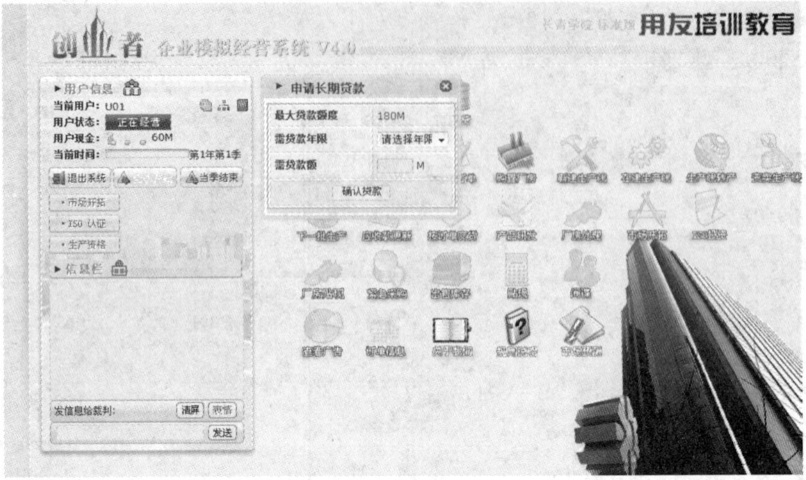

图 6-17　申请长贷

长期贷款年初付息，到期还本，利率为 10%。每次贷款为 10 的倍数，所有长贷和短贷之和不能超过上年权益的 3 倍。单击“长期贷款”按钮，选择贷款年限和需贷款额后，按“确认贷款”按钮。

三、每季的任务

1. 当季开始

每季度开始需要做的工作有：“还本付息/更新短期贷款”“更新生产/完工入库”“生产线完工/转产完工”。每季度经营开始和经营结束需要确认。当季开始界面如图 6-18 所示。

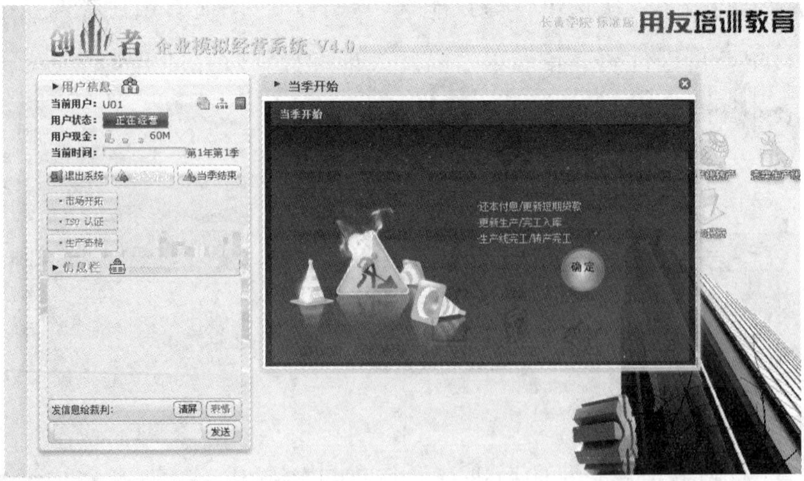

图 6-18　当季开始

在后面的操作过程中，亮起的按钮可以操作，变灰的按钮暂时不能操作。其中，“更新原料库”和“应收款更新”两个步骤是必操作项，“更新原料库”后开启后面的流程，“应收款更新”后关闭前面的流程。如果企业破产则无法继续经营，自动退出系统，现金不够可以紧急融资。

2. 申请短贷

短期贷款的申请在每季度初进行，到期一次还本付息。短贷申请如图 6-19 所示。

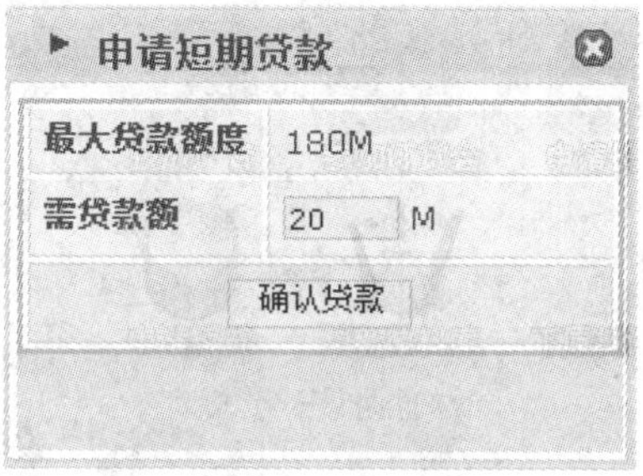

图 6-19　申请短贷

短贷每次为 20 的倍数，利率为 5%，所有长贷和短贷之和不能超过上年权益的 3 倍。选择短贷的金额，单击“确认贷款”按钮。

3. 原材料入库/更新原料订单

该操作步骤每季度只能进行一次。以前订购的原材料本季度到货，此步骤需要支付货款，支付完货款后原料入库。系统自动提示需要支付的现金并自动扣款。确认更新后，后续的操作才能进行，如图 6-20 所示。

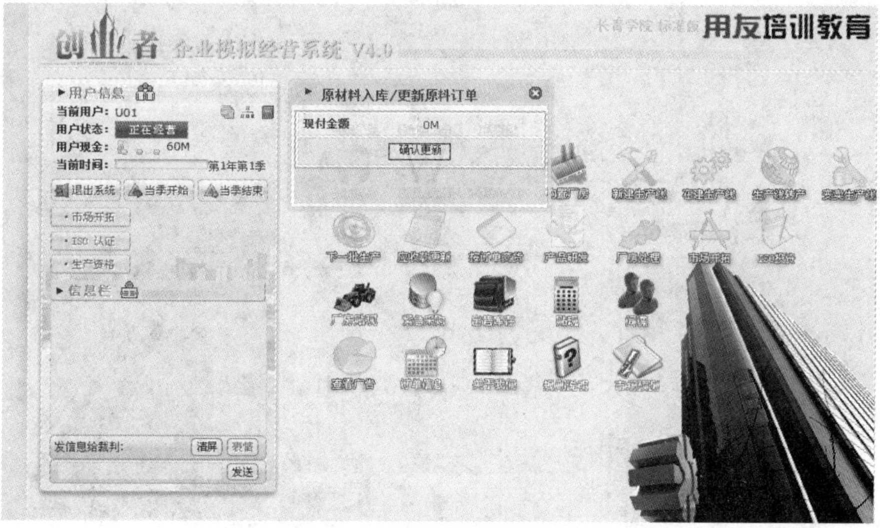

图 6-20　原材料入库/更新原料订单

4. 下原料订单

该操作步骤每季度只能进行一次（也可以不下订单）。根据生产计划，及时采购所需原材料，避免因原料不足而影响生产。采购原料时应在不影响生产的前提下越少采购越好，否则会占用大量的资金。下原料订单界面如图 6-21 所示。输入所需原材料数量，单击“确认订购”按钮。

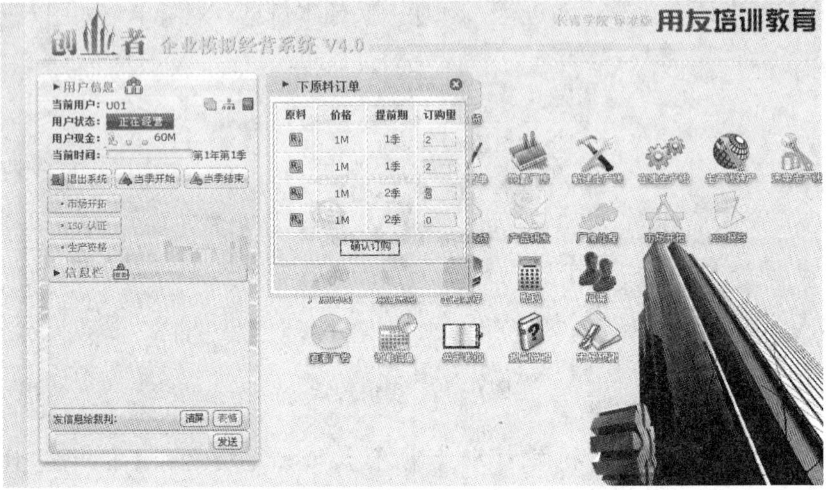

图 6-21　下原料订单

5.（买/租）新厂房

厂房可买可租，每个企业最多可以建造一大一小两个厂房，大厂房和小厂房容量不同，租金和购置费也不同。（买/租）新厂房如图 6-22 所示。选择厂房类型和获取方式，单击“确认获得”按钮。

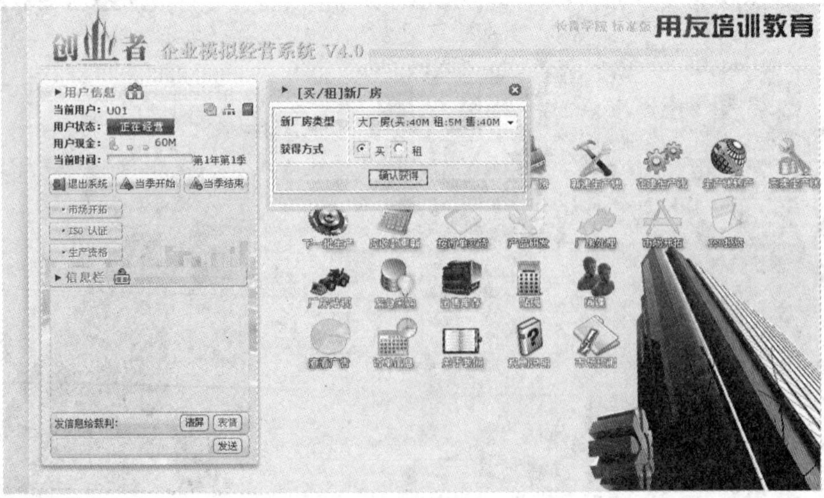

图 6-22　（买/租）新厂房

6. 新建生产线

该操作步骤每季度可以进行多次，直至厂房建满为止。生产线分为手工生产线、半自动生产线、全自动生产线和柔性生产线。不同生产线的购置费、安装周期、生产周期、转产费、残值、维修费、转产周期不同。新建生产线如图 6-23 所示。选择新建厂房、新生产线的类型和生产产品的类型，单击“确认获得”按钮。

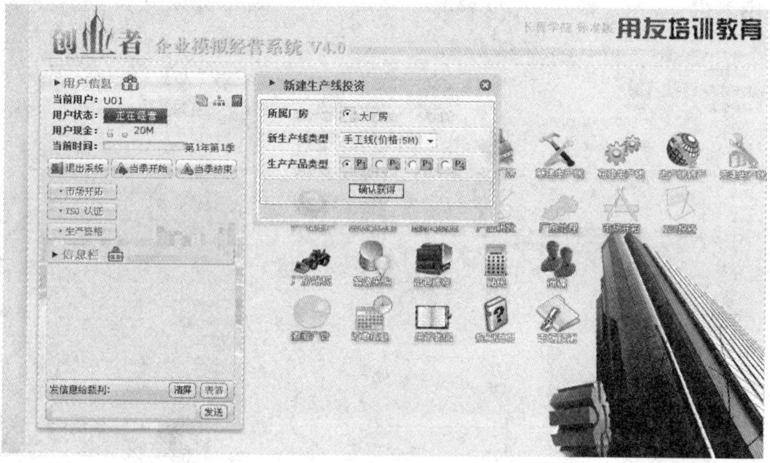

图 6-23 新建生产线

7. 在建生产线

该操作步骤每季度只能进行一次。自动生产线和柔性生产线有安装周期，在安装周期未完成时需要继续投资，直至安装完成。系统会自动列出尚未完工的生产线，选择需要继续投资的生产线，单击“确认投资”按钮。在建周期可以暂停，但不能提前，如图 6-24 所示。

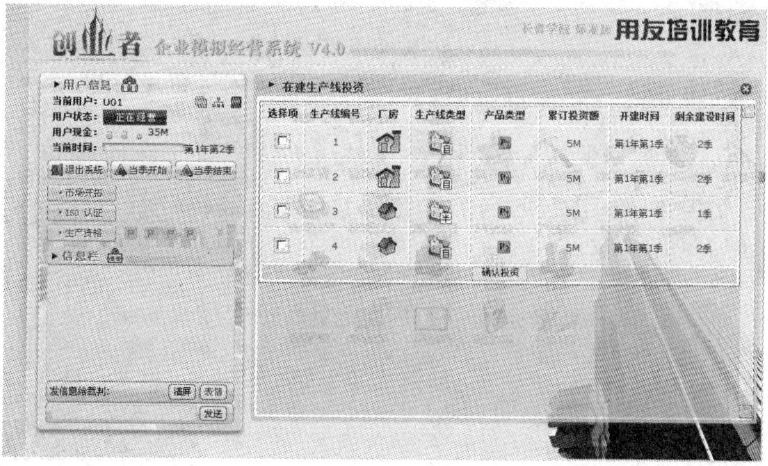

图 6-24 在建生产线

8. 生产线转产

该操作步骤每季度可以进行多次。生产线转产后可以生产其他产品。系统会自动列出符合转产要求的生产线，选择需要转产的生产线并选择转产哪种产品，单击“确认处理”按钮，如图 6-25 所示。

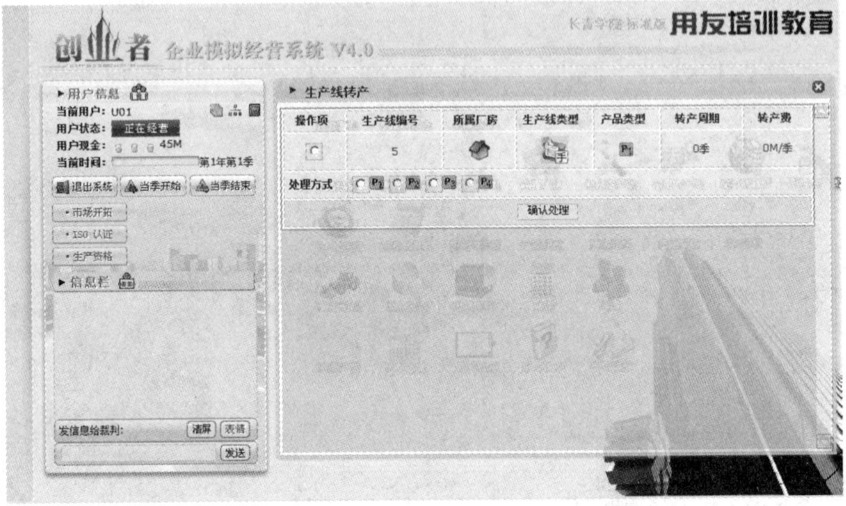

图 6-25　生产线转产

9. 变卖生产线

该操作步骤每季度可以进行多次。系统会自动列出可以变卖的生产线，选择要变卖的生产线，单击“确认变卖”按钮，如图 6-26 所示。变卖后，从生产线价值中按残值收回现金，高于残值的部分计入当年的费用。

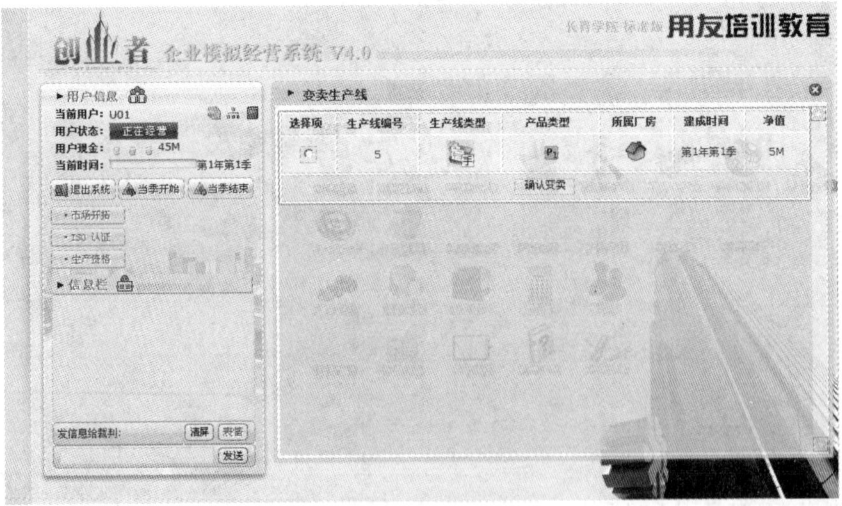

图 6-26　变卖生产线

10. 开始下一批生产

当企业具备生产条件后，系统自动列出可以进行生产的生产线，单击“开始生产”按钮，系统自动扣除原材料和加工费，如图 6-27 所示。

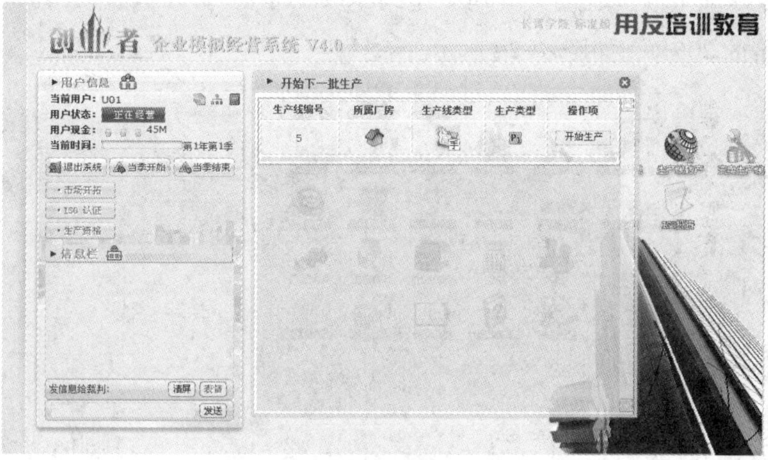

图 6-27　开始下一批生产

11. 应收款更新

企业交货后，除账期为零的订单货款自动到账外，系统不提示本季到期的应收款，各企业自己统计本季度应回收金额，多填不允许操作，少填按实际填写金额收回，少收的部分以后可以收回。

应收款收回时，手动输入回收金额就可以收回应收款了。该步骤操作完后，前面的操作权限将会关闭，同时后续的操作权限开启（按订单交货、产品研发投资、市场开拓、厂房处理等），如图 6-28 所示。

图 6-28　应收款更新

12. 按订单交货

产品完工后就可以按订单交货了，交货时优先考虑交货期早的订单，避免违约。系统会自动列出当年未交订单，自动检测成品库存是否足够，单击“确认交货”，系统自动增加应收账款金额。超过交货期则违约，系统会收回违约订单，并在年底扣除违约金（订单价的 20%），如图 6-29 所示。

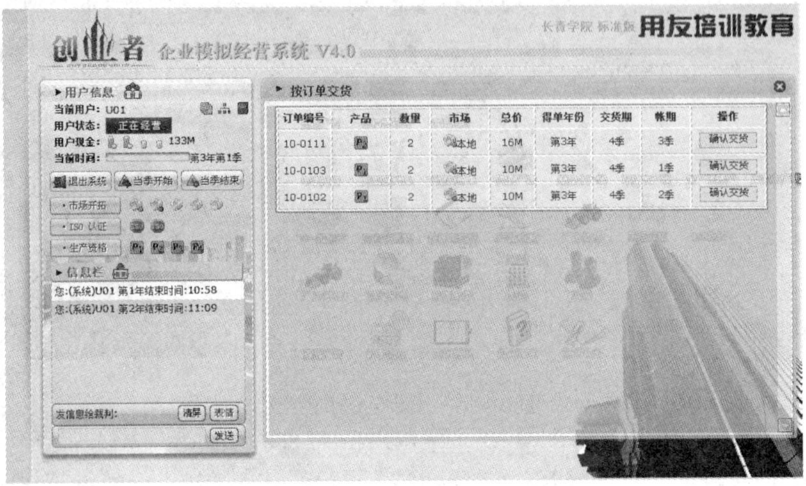

图 6-29　按订单交货

13. 产品研发

生产某种商品之前，首先要进行产品研发。系统提供四种产品：P1、P2、P3、P4，每种产品的研发周期不同。产品研发每季度只允许操作一次，产品的研发可以同时进行，选定将要研发的产品，单击“确认投资”按钮，如图 6-30 所示。

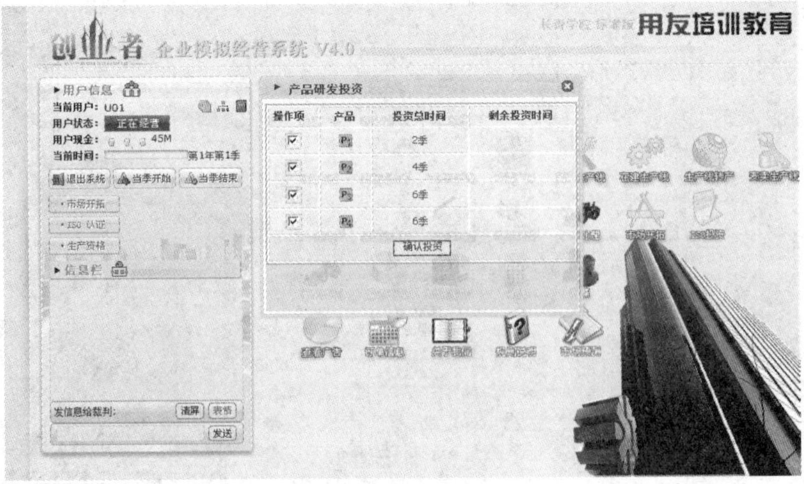

图 6-30　产品研发

14. 市场开拓

在每年的第四季度末可以进行市场开拓，系统提供本地、区域、国内、亚洲、国际五个市场，不同市场开拓的周期不同，只有开拓完成才能进入该市场。市场开拓可以同时进行，选择想要开拓的市场，单击“确认投资”按钮，如图 6-31 所示。

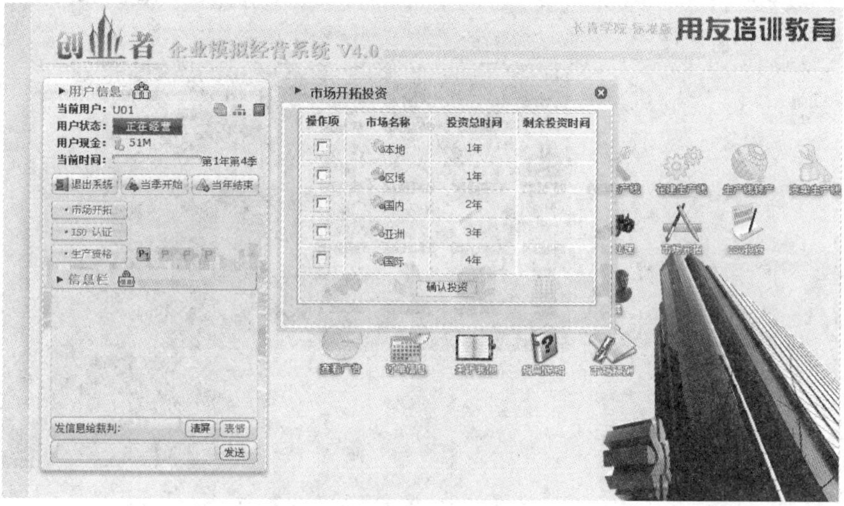

图 6-31　市场开拓投资

15. ISO 认证

在每年的第四季度末可以进行 ISO 认证投资，系统提供 ISO9000 和 ISO14000 两种认证，两种认证投资周期不同。ISO 认证投资每季度只允许操作一次，ISO 认证可以同时进行，选择要投资的 ISO 名称，单击“确认投资”按钮，如图 6-32 所示。

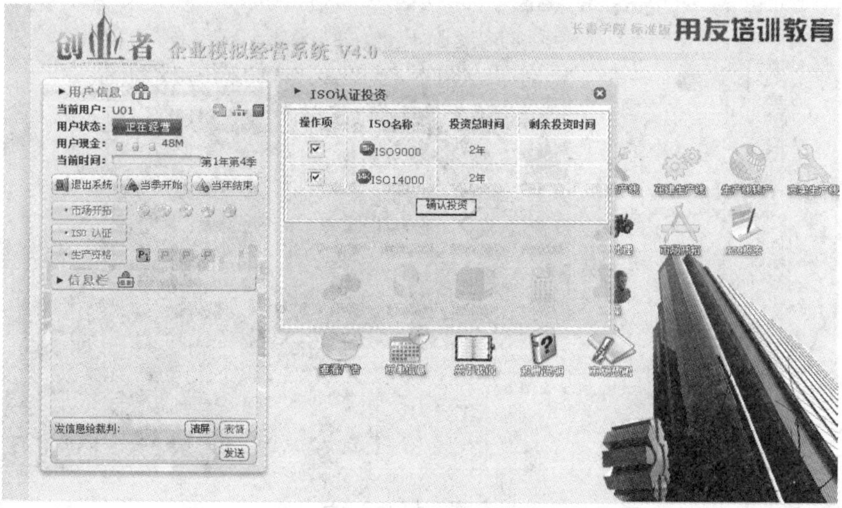

图 6-32　ISO 认证投资

16. 当季结束

当季（年）经营完成需要确认当季结束，系统会自动扣除行政管理费、支付租金，并且检测“产品开发”完成情况，如图 6-33 所示。

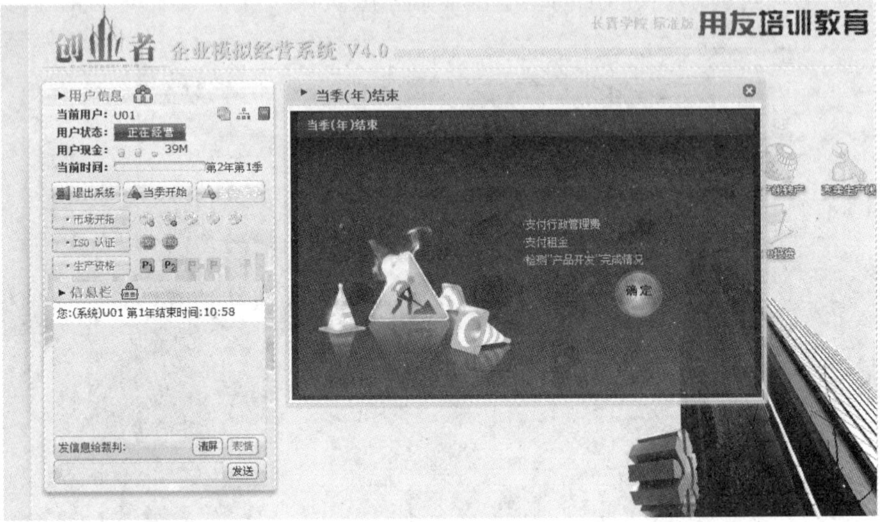

图 6-33　当季结束

17. 当年结束

当季（年）结束，需要支付行政管理费、支付租金、检测“产品开发”完成情况、检测“新市场开拓、ISO 资格认证投资”完成情况、支付设备维修费、计提折旧、违约扣款，如图 6-34 所示。

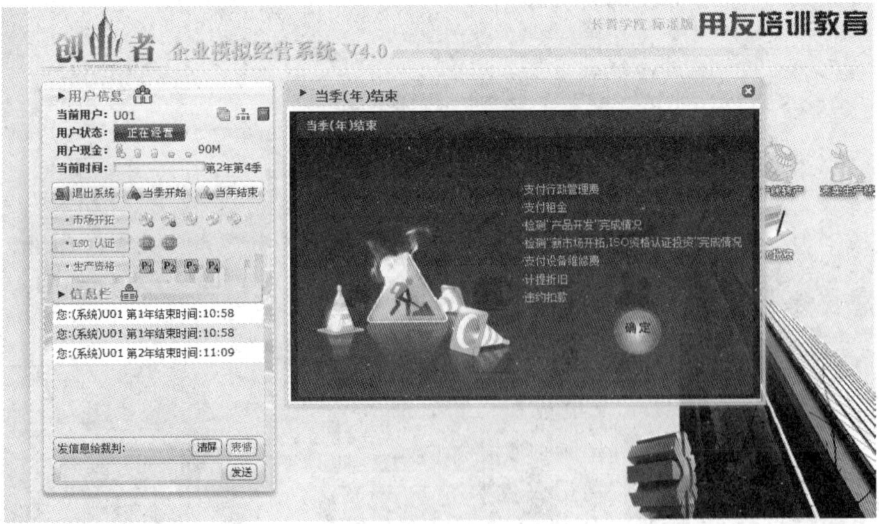

图 6-34　当年结束

系统自动完成上述任务后，在后台生成资产负债表、现金流量表和所有者权益表。

四、特殊任务

特殊任务不受正常流程操作顺序的限制，在需要时可以随时操作。主要有以下几种：

1. 市场预测

市场预测对企业制订营销方案起着至关重要的作用。该信息主要包括各市场、各产品的总需求量，价格走势，客户对产品的质量要求等，如图 6-35 所示。

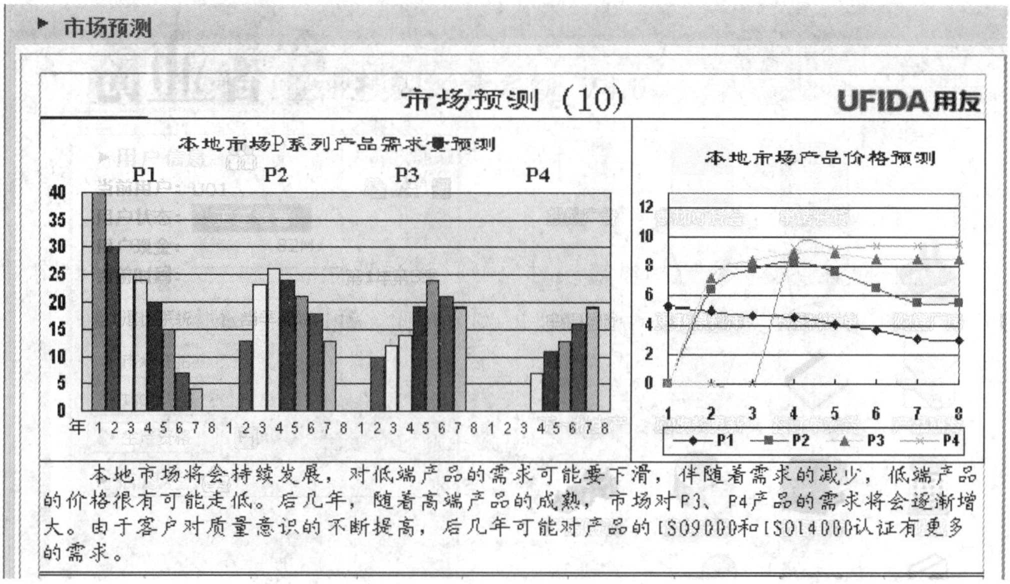

图 6-35　市场预测

2. 厂房贴现

当企业出现资金紧张时，可以通过变卖厂房来获得现金。厂房内如果没有生产线，厂房出售后，可以获得账期为四期的应收账款；如果厂房里有生产线，厂房出售后变为租赁，需要支付租金。另外，厂房贴现不允许部分贴现。厂房贴现如图 6-36 所示。

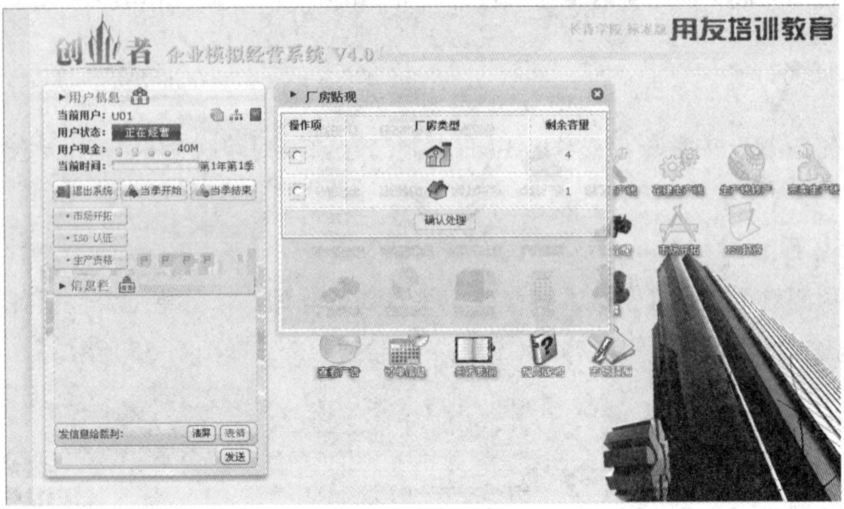

图 6-36 厂房贴现

3. 紧急采购

当企业不能按期交货或原材料短缺时，可以通过紧急采购解决。选择需要购买的原料或产品，填写购买数量后单击“确认订购”按钮，如图 6-37 所示。

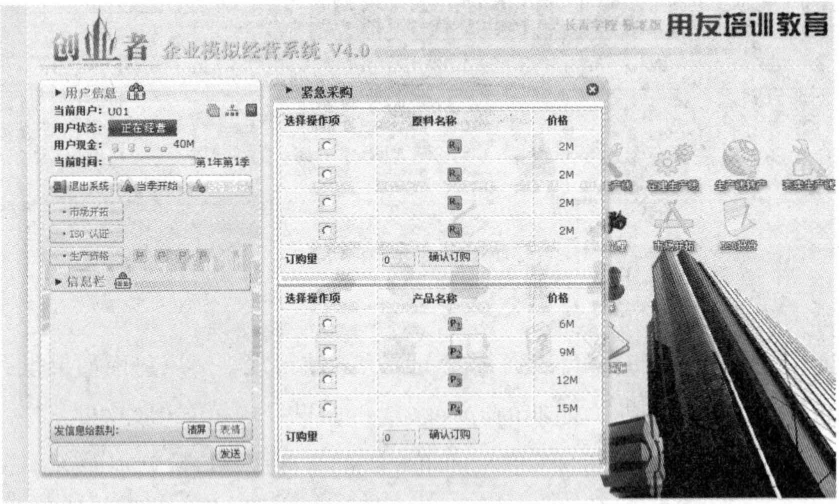

图 6-37 紧急采购

紧急采购可随时操作，订购的原料或产品立即到货，但原料采购价格是正常情况价格的两倍，产品采购成本是正常情况成本的三倍，高出的部分计入损失。

4. 出售库存

当企业出现资金紧张时，还可以通过出售库存解决。输入准备出售的原材料或产品数量，单击“确认出售”按钮，如图 6-38 所示。

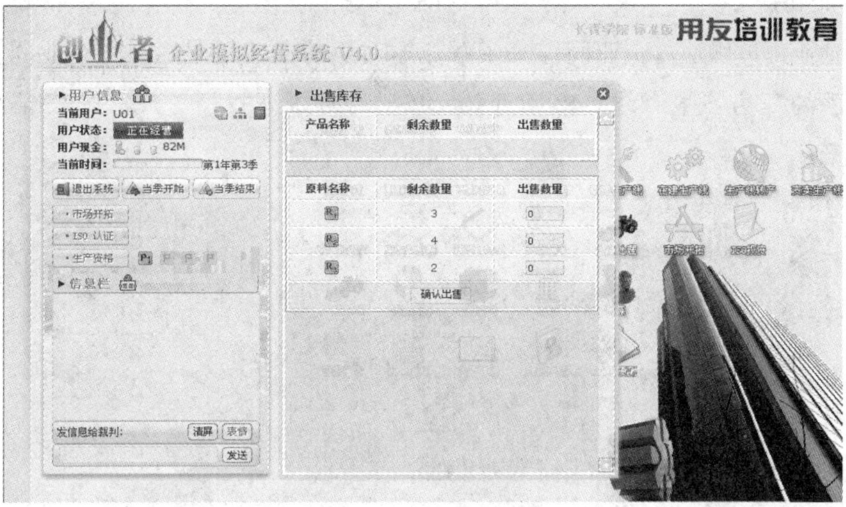

图 6-38 出售库存

出售库存可随时操作，但出售原料只能收回成本的 80%，出售成品可以收回成本，出售的损失金额向下取整计入损失项。

5. 贴现

企业通过贴现也可以解决资金紧张问题。通过贴现可以使应收账款转为现金，同时产生一部分费用。账期还剩 1 个或 2 个季度的应收账款，贴现率为 10%；账期还剩 3 个或 4 个季度的应收账款，贴现率为 12.5%。

贴现可以随时进行操作，贴现时在对应的剩余账期内输入贴现金额，单击“确认贴现”按钮，贴现费用计入财务费用，剩余转为现金。贴现操作如图 6-39 所示。

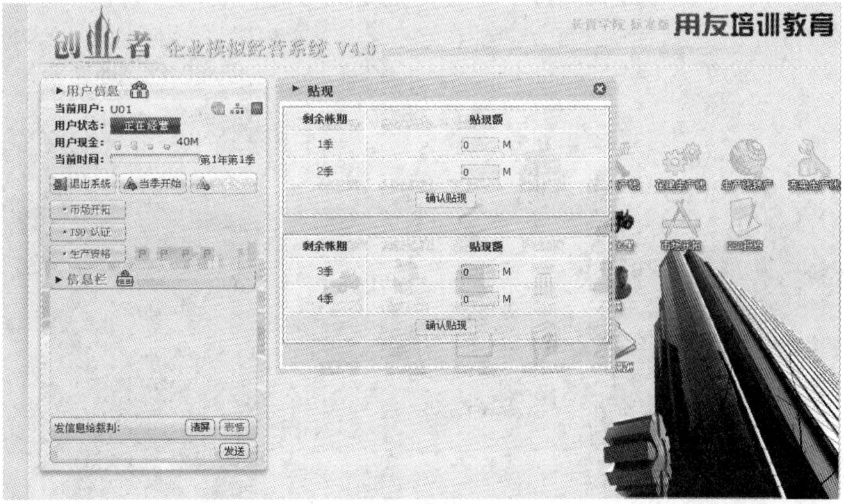

图 6-39 贴现

6. 企业间谍

每个企业都可以通过企业间谍来了解竞争对手的经营情况。通过企业间谍可以查看竞争对手的厂房、生产线、市场开拓、ISO 资格认证投资、产品研发情况等，如图 6-40 所示。

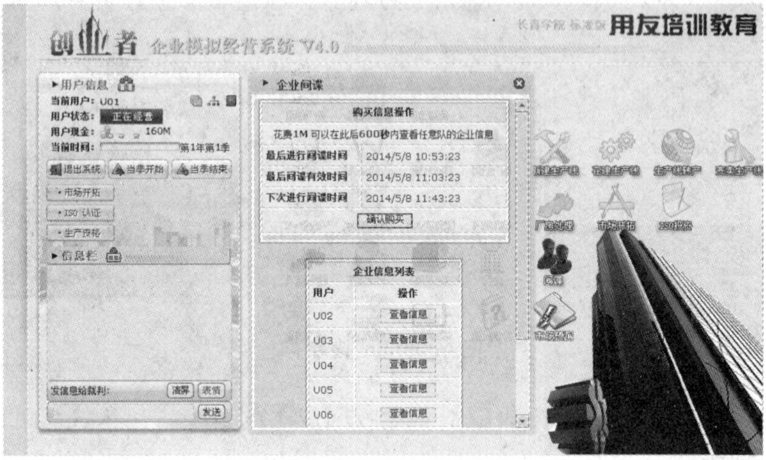

图 6-40　企业间谍

竞争对手商业信息的查看时间为 10 分钟（参数可修改），第 2 次查看必须在 50 分钟以后（参数可修改）；查看竞争对手商业信息需要缴纳一定费用，也可免费（按照规则），费用为 1M/次。

7. 订单信息

企业可以在任意时间查看订单信息，通过查看订单可以了解订单编号、产品、数量、市场、总价、状态（是否违约）、得单时间、交货期、账期等信息，如图 6-41 所示。

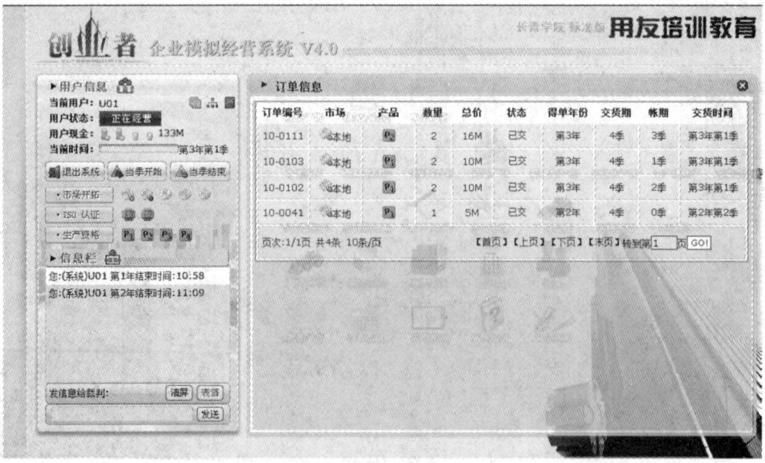

图 6-41　订单信息

8. 破产检测

在广告投放完毕、当季开始、当季结束、更新原料库等操作环节，系统会自动检测已有资金加上最大贴现额及出售所有库存和厂房贴现，是否足够本次支出，如果不够，则破产退出系统；当年结束，如果企业权益为负，同样破产退出系统。如果企业需要继续经营，则由管理员进行处理。

9. 组间交易

两个企业协商一致后，可以到管理员处进行组间交易。由管理员单击“组间交易”按钮，选择出货方、入货方、交易产品、交易数量和交易总金额，单击“提交”按钮，如图 6-42 所示。

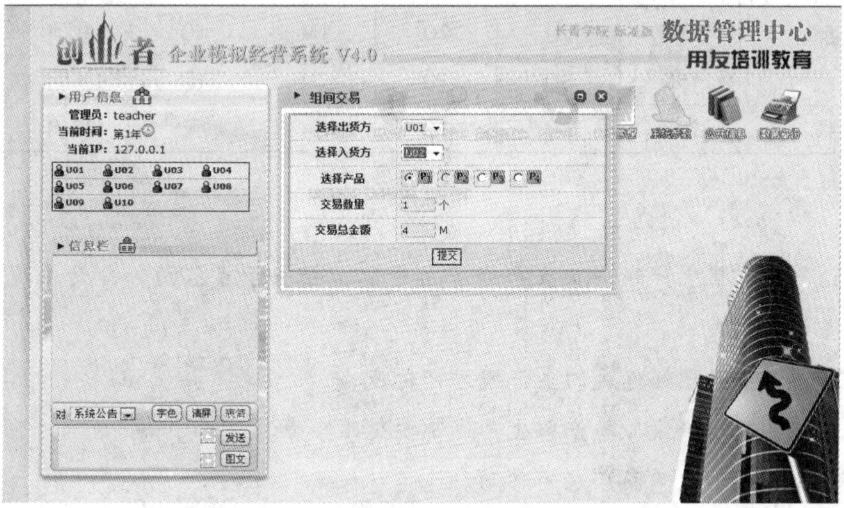

图 6-42　组间交易

出货方账务处理视同销售，入货方视同紧急采购；组间交易只允许现金交易且交易双方需处在经营的同一年。

查看学生操作视频

第三节 电子沙盘规则简介

1. 生产线

生产线规则见表 6-2。

表 6-2 生产线

生产线	购置费	安装周期	生产周期	总转产费	转产周期	维修费	残值
手工线	5M	无	3Q	0M	无	1M/年	1M
半自动线	10M	2Q	2Q	1M	1Q	1M/年	2M
自动线	15M	3Q	1Q	2M	1Q	1M/年	3M
柔性线	20M	4Q	1Q	0M	无	1M/年	4M

注意：

●不论何时出售生产线，从生产线净值中取出相当于残值的部分计入现金，净值与残值之差计入损失。

●只有空的并且已经建成的生产线方可转产。

●当年建成的生产线、转产中生产线都要交维修费。

●生产线不允许在不同厂房间移动。

2. 折旧（平均年限法）

生产线折旧规则见表 6-3。

表 6-3 生产线折旧（平均年限法）

生产线	购置费	残值	建成第 1 年	建成第 2 年	建成第 3 年	建成第 4 年	建成第 5 年
手工线	5M	1M	0M	1M	1M	1M	1M
半自动线	10M	2M	0M	2M	2M	2M	2M
自动线	15M	3M	0M	3M	3M	3M	3M
柔性线	20M	4M	0M	4M	4M	4M	4M

注意：

●当年建成生产线当年不提折旧，当净值等于残值时生产线不再计提折旧，但可以继续使用。

3. 融资

融资贷款规则见表 6-4。

表 6-4　融资贷款规则

贷款类型	贷款时间	贷款额度	年息	还款方式
长期贷款	每年年初	所有长贷和短贷之和不能超过上年权益的 3 倍	10%	年初付息，到期还本； 每次贷款为 10 的倍数
短期贷款	每季度初		5%	到期一次还本付息； 每次贷款为 20 的倍数
资金贴现	任何时间	视应收款额	10%（1 季、2 季） 12.5%（3 季、4 季）	变现时贴息，可对 1 季、2 季应收联合贴现（3、4 季同理）
库存拍卖	原材料八折，成品按成本价			

注意：

●长贷利息计算，所有不同年份长贷加总再乘以利率，然后四舍五入算利息。短贷利息是按每笔短贷分别计算。

4. 厂房

厂房规则见表 6-5。

表 6-5　厂房规则

厂房	买价	租金	售价	容量	厂房出售得到 4 个账期的应收款，紧急情况下可厂房贴现（4 季贴现），直接得到现金，如厂房中有生产线，同时要扣租金。
大厂房	40M	5M/年	40M	6 条	
小厂房	30M	3M/年	30M	4 条	

注意：

●每季均可租或买，租满一年的厂房在满年的季度（如第 2 季租的，则在以后各年第 2 季为满年）可进行处理，需要用“厂房处理”进行“租转买”“退租”（当厂房中没有任何生产线时）等处理，如果未加处理，则原来租用的厂房在满年季末自动续租。

●厂房不计提折旧。

●生产线不允许在不同厂房间移动。

5. 市场准入

市场准入规则见表 6-6。

表 6-6 市场准入规则

市场	开发费	时间	
本地	1M/年	1 年	开发费用按开发时间在年末平均支付，不允许加速投资，但可中断投资； 市场开发完成后，领取相应的市场准入证
区域	1M/年	1 年	
国内	1M/年	2 年	
亚洲	1M/年	3 年	
国际	1M/年	4 年	

注意：

●无须交维护费，中途停止使用，也可继续拥有资格并在以后年份使用。

●市场开拓，只有在第 4 季度可以操作。

6. ISO 资格认证

ISO 资格认证规则见表 6-7。

表 6-7 ISO 资格认证规则

认证	ISO9000	ISO14000	开发费用按开发时间在年末平均支付，不允许加速投资，但可中断投资； ISO 开发完成后，领取相应的认证
时间	2 年	2 年	
费用	1M/年	2M/年	

注意：

●无须交维护费，中途停止使用，也可继续拥有资格并在以后年份使用。

●ISO 认证开拓，只有在第 4 季度可以操作。

7. 产品

产品规则见表 6-8。

表 6-8 产品规则

名称	开发费用	开发周期	加工费	直接成本	产品组成
P1	1M/季	2 季	1M/个	2M/个	R1
P2	1M/季	4 季	1M/个	3M/个	R2+R3
P3	1M/季	6 季	1M/个	4M/个	R1+R3+R4
P4	2M/季	6 季	1M/个	5M/个	R2+R3+2 R4

8. 原料

原料购买规则见表6-9。

表6-9 原料购买规则

名称	购买价格	提前期
R1	1M/个	1季
R2	1M/个	1季
R3	1M/个	2季
R4	1M/个	2季

9. 紧急采购

付款即到货，原材料价格为直接成本的2倍，成品价格为直接成本的3倍。

紧急采购原材料和产品时，直接扣除现金。上报报表时，成本仍然按照标准成本记录，紧急采购多付出的成本计入费用表损失项。

10. 选单规则

广告投放只规定最晚时间，没有最早时间。即当年结束后可以马上投广告。

某市场上年所有产品销售总和第一且没有违约的企业称为市场老大，市场老大在该市场所有产品有优先选单权；然后以本市场本产品广告额投放大小顺序依次选单；如果两个企业本市场本产品广告额相同，则看本市场广告投放总额；如果本市场广告总额也相同，则看上年本市场销售排名；如仍无法决定，先投广告者先选单。

选单时，两个市场同时开单，各队需要同时关注两个市场的选单进展，其中一个市场先结束，则第三个市场立即开单，即任何时候都会有两个市场同开，除非到最后只剩下一个市场选单未结束。如某年有本地、区域、国内、亚洲四个市场有选单，则系统将本地、区域同时放单，各市场按P1、P2、P3、P4顺序独立放单，若本地市场选单结束，则国内市场立即开单，此时区域、国内两个市场保持同开，紧接着区域结束选单，则亚洲市场立即放单，即国内、亚洲两个市场同开。选单时各队需要点击相应“市场”按钮，一个市场选单结束，系统不会自动跳到其他市场。

注意：

●出现确认框要在倒计时大于10秒时按下确认按钮，否则可能造成选单无效。

●在某细分市场（如本地、P1）有多次选单机会，只要放弃一次，则视同放弃该细分市场所有选单机会。

11. 竞单会（系统一次同时放 3 张订单同时竞单，并显示所有订单，竞单年份随市场预测同时公布）

参与竞标的订单标明了订单编号、市场、产品、数量、ISO 要求等，而总价、交货期、账期三项为空。竞标订单的相关要求说明如下：

（1）投标资质。

参与投标的公司需要有相应市场、ISO 认证的资质，但不必有生产资格。

中标的公司需为该单支付 1M 标书费，在竞标会结束后一次性扣除，计入广告费里面。

如果已竞得单数+本次同时竞单数（即 2>现金余额，则不能再竞）。如同时竞 2 张订单，库存现金为 5M，已经竞得 4 张订单，扣除 4M 标书费，还剩 1M 库存现金，则不能继续参与竞单。

（2）投标。

参与投标的企业必须根据所投标的订单，在系统规定时间（90 秒，以倒计时秒形式显示）内填写总价、交货期、账期三项内容，确认后由系统按照得分 = 100+（5−交货期）×4+应收账期−总价计算，以得分最高者中标。如果计算分数相同，则先提交者中标。

注意：

- 总价不能低于（可以等于）成本价，也不能高于（可以等于）成本价的 3 倍。
- 必须为竞单留足时间，如在倒计时小于等于 10 秒时再提交，则可能无效。
- 竞得订单与选中订单一样，算市场销售额，对计算市场老大有效。
- 竞单时不允许紧急采购，不允许市场间谍。
- 破产队不可以参与投标竞单。

12. 订单违约

订单必须在规定季或提前交货，应收账期从交货季开始算起。应收款收回系统自动完成，不需要各队填写收回金额。

13. 取整规则（均精确或舍到个位整数）

违约金扣除——四舍五入（每张单分开算）；

库存拍卖所得现金——四舍五入；

贴现费用——向上取整；

扣税——四舍五入；

长短贷利息——四舍五入。

14. 特殊费用项目

库存折价拍卖、生产线变卖、紧急采购、订单违约、计入其他损失；增减资计入股东资本或特别贷款（均不算所得税）。

注意：

●增资只适用于破产队。

15. 重要参数

重要参数如表 6-10 所示。

表 6-10 重要参数

违约扣款百分比	20%	最大长贷年限	5 年
库存折价率（产品）	100%	库存折价率（原料）	80%
长期贷款利率	10%	短期贷款利率	5%
贷款额倍数	3 倍	初始现金（股东资本）	60M
贴现率（1，2 期）	10%	贴现率（3，4 期）	12.5%
管理费	1M/季	信息费	1M/次
紧急采购倍数（原料）	2 倍	紧急采购倍数（产品）	3 倍
所得税率	25%	最大经营年限	6 年
选单时间	40 秒	选单初时时间	25 秒
间谍有效时间	600 秒	间谍使用间隔	3 000 秒
市场老大	存在		

注意：

●每市场每产品选单时第一个队选单时间为 60 秒，自第二个队起，选单时间设为 40 秒。

●初始资金由指导教师公布。

●信息费 1M/次/队，即交 1M 可以查看一队企业信息，交费企业以 EXCEL 表格形式获得被间谍企业详细信息。

16. 竞赛排名

完成预先规定的经营年限，根据各队的最后分数进行评分，分数高者为优胜。

总成绩=所有者权益×（1+企业综合发展潜力/100）-罚分

企业综合发展潜力如表 6-11 所示。

表 6-11　企业综合发展潜力

项目	综合发展潜力系数
手工生产线	+5/条
自动线/柔性线	+10/条
区域市场开发	+10
国内市场开发	+10
亚洲市场开发	+10
国际市场开发	+10
ISO9000	+10
ISO14000	+10
P1 产品开发	+10
P2 产品开发	+10
P3 产品开发	+10
P4 产品开发	+10

注意：

●如有若干队分数相同，则最后一年在系统中先结束经营者排名靠前。

●生产线建成即加分，无须生产出产品，也无须有在制品。

●市场老大和厂房无加分。

17. 罚分规则

（1）运行超时扣分。

运行超时有两种情况：一是指不能在规定时间内完成广告投放（可提前投广告）；二是指不能在规定时间内完成当年经营（以点击系统中“当年结束”按钮并确认为准）。

处罚：超时 3 分钟内按总分 10 分/分钟（不满一分钟算一分钟）计算罚分，超时 3 分钟按每分钟 20 分计算罚分，超时 7 分钟按每分钟 50 分计算罚分，最多不能超过 10 分钟。如果到 10 分钟后还不能完成相应的运行，将作为破产处理不参与最终排名。

（2）其他违规扣分。

在运行过程中下列情况属违规：

①对裁判正确的判罚不服从；

②在比赛期间擅自到其他赛场走动；

③指导教师擅自进入比赛现场；

④其他严重影响比赛正常进行的活动；

⑤报表填报错误一次扣50分，错误超3次，超出错误此次每次扣200分。

如有以上行为者，视情节轻重，扣除该队总得分的200~500分。

18. 破产处理

当参赛队权益为负（指当年结束系统生成资产负债表显示为负）或现金断流时（权益和现金可以为零），企业破产。

参赛队破产后，由裁判视情况适当增资后继续经营。破产队不参加有效排名。

为了确保破产队不过多影响比赛的正常进行，限制破产队每年用于广告投放总和不能超过6M。不允许其参加竞单。

第四节　常用经营战略

一、P1、P2策略

1. 策略优势

该策略的研发费用较低，仅为6M。该策略能有效控制综合费用，进而使得利润、所有者权益能够保持在一个较高的水平，这样对于后期的发展非常有利。按照经验，第一年所有者权益控制在44M或45M为最佳，第二年实现盈利后，所有者权益会飙升至57M以上。该策略是扩大产能速度最快的一种策略。当然即使第二年一件产品都没有卖出，没有收到任何现金，企业也可以轻松坚持到下一年。如果想要通过迅速扩张来挤压竞争对手的生存空间，该策略无疑是最好的。

2. 策略劣势

该策略的劣势相对不易察觉，使用该策略可以在前期建立很大的优势，但后期往往不经意间就被对手超越。原因有两个：其一：P1、P2策略在后期缺乏竞争力，后期竞争对手生产销售的P3、P4产品利润显然远大于P1、P2，所以被所有者权益相差不大的对手反超不足为奇；其二，当采用该策略建立起前期优势后，难免产生心理的松懈，被超越的可能性很大。

3. 关键步骤

以初始60M为例，详细操作如下（该步骤仅为一般性参考步骤）：

（1）第一年。

第1季度：研发P2产品1M，管理费用1M，现金58M。

第2季度：购买小厂房30M，新建4条自动线（两条生产P1，两条生产P2）20M，研发P2产品1M，管理费1M，现金余额6M。

第 3 季度：借入短期借款 20M，订购原材料 R3（数量 2），建生产线 20M，研发 P1、P2 产品 2M，管理费 1M，现金余额 3M。

第 4 季度：借入短期借款 40M，订购原材料 R1、R2、R3（数量各 2），建造生产线 20M，研发 P1、P2 产品 2M，管理费 1M，开拓全部市场 5M，ISO9000 认证 1M，现金余额 14M，所有者权益 44M（其中 ISO 认证是为了保持所有者权益尾数为 4 或 7，因为所有者权益尾数为 3 或 6 时，借入借款比尾数为 4 或 7 时少 10M）。

（2）第二年。

年初本地市场 P1 投 1M，P2 投 3M；区域市场 P1 投 1M，P2 投 3M，借入长期借款 10M。

第 1 季度：到货原材料 R1、R2、R3（数量各 2）6M，继续订购原材料 R1、R2、R3（数量各 2），生产 P1、P2 产品各 2 个，管理费用 1M，现金余额 25M。

第 2 季度、第 3 季度以此类推。

第 4 季度：开拓国内、亚洲、国际市场 3M，ISO9000 认证 1M，ISO14000 认证视权益多少而定。

（3）第三年。

借款全部借出，所有应收账款全部贴现，选订单应多选小单，最优搭配是每季度能生产多少就卖出多少，其余细节不再赘述。

4. 适用环境

该策略适用于初学者，当竞争对手大多选择 P3、P4 时也可运用该策略。

二、P2、P3 策略

该策略攻守兼备，推荐选择 2 条柔性线，P2、P3 各一条自动生产线。

1. 策略优势

该策略的优势在于使用者可以在比赛全程获得产品上的优势：P2 在第三、第四两年的毛利可达 5M/个，这时可以用三条生产线生产 P2，达到利润最大化，后期 P2 的利润仍然保持在 4M 左右，而 P3 利润为 4.5M 左右，差距不大。此外，后期生产 P2 的柔性线可转产其他产品，增加了转产的灵活性。总之，运用这种策略的优势概括起来就是全程保持较高利润，处于比较有利的位置。

2. 策略劣势

该策略虽然可以使经营区域保持一种稳定的状态，但倘若想要有一番大作为就必须尽可能再添几分筹码，比如后期扩张多开几条生产线生产 P4。

3. 关键步骤

（1）因为 P3 产品最快也要到第二年第 3 季度才能投入使用，所以应该把一条 P3 的生产线设置在第 3 季度刚好能够使用，这样才能最大限度控制现金流。

（2）倘若使用者考虑广告投放等问题觉得在第二年生产 P3 没有必要，也可以到第三年年初开始生产 P3 产品，这样可以省下一条生产线的维修费，折旧也可推迟。需要注意做到生产线和产品研发的匹配，严格控制现金流。

（3）第一年市场可以考虑不全开拓，因为产品的多元化能够起到分散销售的作用；ISO 认证方面，P2、P3 产品对于 ISO14000 要求不严格，可以暂缓，但 ISO9000 一定要有，因为第三年市场中往往会出现 ISO9000 标识的订单。

（4）第二年由于市场较小，P2 产能过大，可以考虑加大 P2 产品广告投放，获得更多的 P2 产品的销售机会。

4. 适用环境

当竞争对手所有产品分布比较均衡时，或者 P1、P4 产品市场过于拥挤时可以考虑该策略。

三、纯 P2 策略

P2 产品是一个低成本高利润的产品，前期倘若能够卖出数量可观的 P2 产品必定能够使企业取得不错的发展。

1. 策略优势

研发 P2 产品所需成本仅为 4M，而 P2 产品利润均在 3.5M 以上，在第三、第四年单个产品利润可以超过 5M，即便到了后期，P2 产品的利润也在 4M 以上，倘若前期可以拿到足够的订单，企业将会飞速发展。

2. 策略劣势

由于 P2 产品利润可观，想要生产 P2 产品的企业不在少数，所以极有可能造成市场拥挤，以至于企业拿不到足够的订单，风险增大。

3. 关键步骤

（1）前期由于市场比较紧张，故推荐使用小厂房，第二年开发完成 3 条生产线生产 P2，第三年再增加一条。

（2）第二年尽可能多打广告，但广告投放总额最好不要超过 10M。

（3）市场开拓方面建议全部开拓，第一年 ISO9000 认证可做可不做，也可以放在第四年再做，ISO14000 认证可以放在第三年以后再做。

（4）生产线扩建的速度要快，因为战机就在第三年和第四年，所以前期要尽可能多地扩建生产线。

4. 适用环境

P2 产品的市场如果不是很紧张，或者 P2 产品生产线占总体 40%以下均可使用该策略。

四、纯 P3 产品策略

该策略是经典策略。一方面，只研发 P3 产品的研发费用不高，只有 6M；另一方面，第三年以后 P3 产品的市场颇为可观。

1. 策略优势

无论何种比赛，P3 产品似乎都是“鸡肋”，表面看是“食之无味，弃之可惜”。但仔细分析便会发现，虽然 P3 产品在前期不如 P2 产品的利润大，后期不如 P4 产品的利润大，而且 P3 产品门槛不高，但正是这种看似存在的“缺陷”，才导致 P3 产品不会太过显眼，竞争不会过于激烈。所以使用纯 P3 产品策略往往可以起到规避风险的作用，大大降低广告费的投放，也就变相提高了产品利润。此外，P3 产品的后期利润有所增加，市场很大，故而企业在后期完全可以做大做强。

2. 策略劣势

因为 P3 产品的研发周期较长，所以在第二年卖不出多少，企业在第二年开始生产将面临生产线维修费等诸多问题。从第三年开始生产的话会导致权益太低，企业前期被压制得十分辛苦，心理压力会很大，一旦失手就会输掉比赛。因此，选择这套策略要具备很高的心理素质，并且需要足够沉着冷静。

3. 关键步骤

（1）建议在第三年生产 P3 产品，选择小厂房建造 4 条生产线。这时候市场很大，不需要太多的广告投放就可以卖光产品。

（2）市场要全部开拓。

（3）ISO 认证选择 ISO9000，第三年要获得 ISO9000 认证，ISO14000 认证可放弃。

（4）如果生产 P3 产品的竞争对手过多，可以在第四年以后增加两条 P1 生产线来缓解压力。

（5）也可在第二年生产 P3 产品，这样可以建立起 P3 产品的库存优势。

4. 适用环境

在 P2 或者 P4 产品被普遍看好，或竞争对手生产的 P3 产品总量不足需求的 70%时，适合采用该策略。

五、纯 P4 产品策略

纯 P4 产品策略是一个险招，不成功便成仁。

1. 策略优势

该策略优势明显，P4 产品的利润巨大，每卖出一个产品就能获得比别人多 1M 以上的利润，这个优势可谓巨大。此外，P4 产品的另一个优势是市场准入不那么容易，不仅研发费用高昂，原料成本也很大，所以竞争对手不在初期进入 P4 市场，后期想进入几乎不可能。所以一旦前期确立了优势，那就意味着离胜利不远了。此外 P4 产品单价极高，倘若比赛规则中有“市场老大”，则运用纯 P4 策略的企业可以轻松拿到“市场老大”，从而以最低的广告成本拿到最优的订单。

2. 策略劣势

因为 P4 产品前期投入很大，有损所有者权益，所以往往要采用长期借款的策略，这会导致还款压力越来越大。而且 P4 产品市场容量较小，一旦前期 P4 产品竞争对手较多，则可能导致优势减弱甚至优势全无，从而陷入苦战，结局就会很悲惨了。

3. 关键步骤

（1）前期需要借入长期借款，对于新手来说基本要借 150M，控制长期借款利息是很困难的，一定需要小心谨慎。

（2）可以使用短期借款，但操作难度会很大。

（3）如果竞争对手很多，一定要在市场上挤垮对手，因为 P4 产品在前期市场比较紧，只要有一次接不到合适的单子基本就很难生存下去了，坚持到最后才能成为王者，所以，不能吝惜广告投放。

（4）如果要运用短贷，前期一定要控制权益，不要开发 ISO，可以暂缓开拓一个市场，等第三年、第四年现金流压力缓解再开拓也不迟。

4. 适用环境

只要 P4 产品市场不是很紧张，或者 P4 产品生产线占总生产线 25%以下可以采用该策略。

六、P2、P4 策略

该策略可以看作保守的 P4 产品策略。

1. 策略优势

前期在 P4 产品订单数不足时可以将一定的产能分散到 P2 产品市场，保证第二年的盈利，这样可以解决纯 P4 产品策略的长贷利息问题。使用短贷，第二年的利润就可以大大增加，这样可以提高扩建生产线的速度。此外，P2、P4 产品的搭配对于夺得“市场老大”也很有优势。

2. 策略劣势

前期产品研发费用高昂，需要 16M，而且生产这两种产品的生产成本很高，资金流转速度太慢，需要较高的控制水平。

3. 关键步骤

（1）第一年短贷在第 3、第 4 季度各借 20M，第 2 季度购买小厂房 30M。2 条 P2 产品生产线，第 2 季度开建第 4 季度完成。2 条 P4 产品生产线，第 4 季度开建下年第 2 季度完成。

（2）第一年开拓 4 个市场，不做 ISO 认证，保持 40M 的所有者权益。

（3）第二年尽可能少投广告，不考虑长贷，各季度短贷分别为 20M、40M、40M、20M。

（4）第二年市场全开，视所有者权益的具体情况进行 ISO 认证，权益在 47M 以上可以全部开拓。

4. 适用环境

该策略适用于已有“市场老大”且 P4 产品竞争对手较多的情况，当然也要根据市场环境适当进行调整，灵活把握。

第七章　精创电子沙盘简介

精创 ERP 企业经营模拟沙盘系统（以下简称“系统”）分为管理员、教师、学生三种角色子系统，教师可以设置比赛任务、比赛队伍数量、市场需求数据、企业经营规则等信息，学生可以根据市场需求的情况，制定公司的发展战略，选择合适的市场、产品、厂房、生产线、订单，并进行产品销售，最终达到公司利润最大化的目标。最后，系统可以生成总评成绩与公司排名，教师可以结合成绩与排名结果，总结学生在经营过程中成功与失败的方法。

第一节　系统登录

一、如何登录系统

在浏览器的地址栏中输入 http://47.99.222.18:8002/，回车就可以进入系统登录界面，如图 7-1 所示。

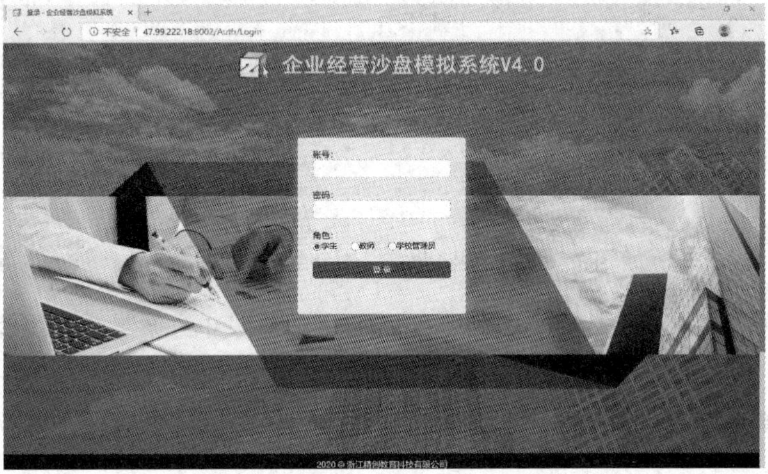

图 7-1　企业经营模拟沙盘系统登录界面

注意：

● 登录网址发生变化请联系软件供应商。

二、系统使用

在系统初次使用的时候，首先需要登录管理员端进行相应的操作。

学校管理员默认用户名与密码为 admin/admin，在右侧的角色类型中选择“学校管理员”，单击“登录”。

教师登录根据管理员所添加在右侧的角色类型中选择“教师端”，单击“登录”。

学生根据教师所分配的账号选择“学生端”，单击“登录”。

注意：

● 学校管理员登录账号非默认值时请联系软件供应商。

第二节　系统功能模块

一、管理员操作

以管理员身份登录后，如图 7-2 所示。

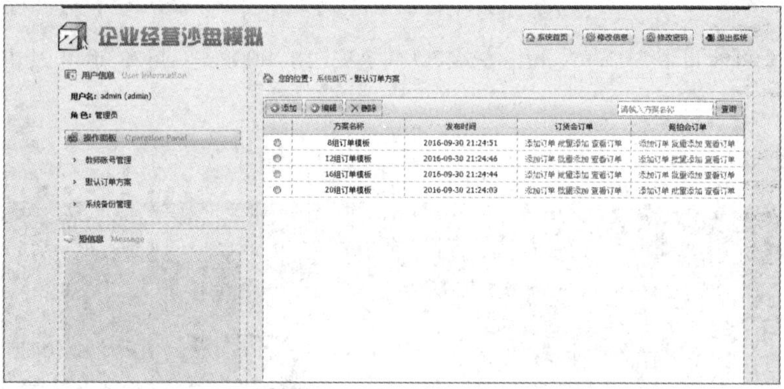

图 7-2　企业经营模拟沙盘系统管理员端

管理员端主要功能模块有“教师账号管理”“默认订单方案”与“系统备份管理”。

1. 教师账号管理

教师账号能够显示当前系统的所有教师账号信息，包括“姓名”“账号”“密码”，如图 7-3 所示。

图 7-3　教师账号管理

（1）添加。可以根据教师上课的需要，由管理员来增加教师的使用账号信息，单击“添加”后，如图 7-4 所示。添加相应的“教师账号”“教师姓名”“教师密码”后，单击“确定”。“教师账号”不允许重复。

图 7-4　新增教师

（2）编辑。可以根据教师的需要对账号进行相应的信息修改，包括对“教师账号”“教师姓名”“教师密码”信息的修改。选择相应的教师账号，单击“编辑”，如图 7-5 所示。

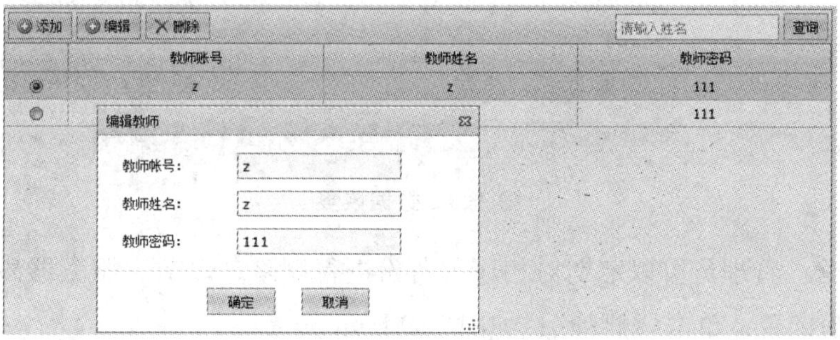

图 7-5　教师账号信息编辑

（3）删除。当不再使用某些教师账号的时候，可以把相应的账号信息删除。选择相应的教师账号，单击“删除”。

（4）查询。当教师账号过多，可使用查询功能进行查找。输入需要查询文字，可以查询所有“教师姓名”中包含该文字的账号信息，目前仅支持姓名的查询。

2. 系统备份管理

系统备份管理能够显示当前数据备份的信息，包括“备份名称”“备份大小”“备份时间”，如图 7-6 所示。

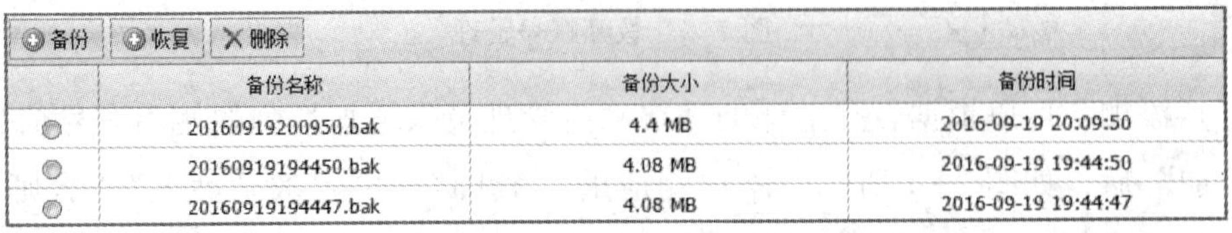

	备份名称	备份大小	备份时间
	20160919200950.bak	4.4 MB	2016-09-19 20:09:50
	20160919194450.bak	4.08 MB	2016-09-19 19:44:50
	20160919194447.bak	4.08 MB	2016-09-19 19:44:47

图 7-6　数据维护

（1）备份。可以将当前正在运行的数据进行备份，单击“备份”后输入“备份名称”，单击“确定”。注意备份名称不允许重复，如图 7-7 所示。

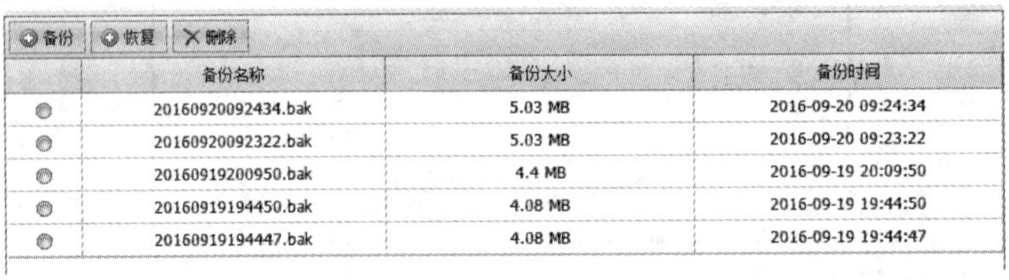

	备份名称	备份大小	备份时间
	20160920092434.bak	5.03 MB	2016-09-20 09:24:34
	20160920092322.bak	5.03 MB	2016-09-20 09:23:22
	20160919200950.bak	4.4 MB	2016-09-19 20:09:50
	20160919194450.bak	4.08 MB	2016-09-19 19:44:50
	20160919194447.bak	4.08 MB	2016-09-19 19:44:47

图 7-7　数据备份

（2）恢复。可以根据需要恢复相应时间点的数据备份，如选中的这条记录是在第四年投广告前备份的，单击“恢复”后，会回到第四年投广告前的时间点，如图 7-8 所示。

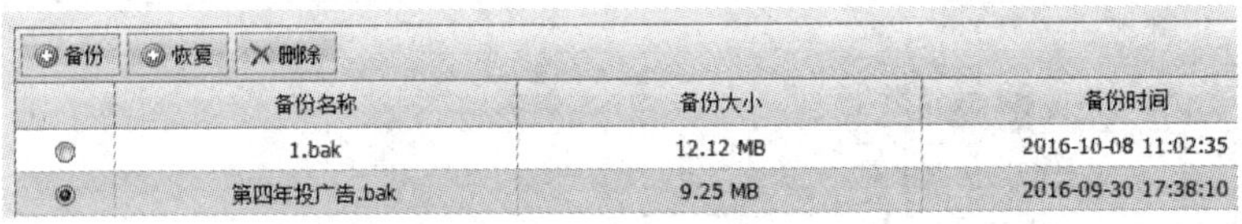

	备份名称	备份大小	备份时间
	1.bak	12.12 MB	2016-10-08 11:02:35
	第四年投广告.bak	9.25 MB	2016-09-30 17:38:10

图 7-8　数据恢复

（3）删除。管理员可以定期对相应的备份进行删除，以节省服务器磁盘空间。选中相应的备份记录，单击“删除”，如图 7-9 所示。

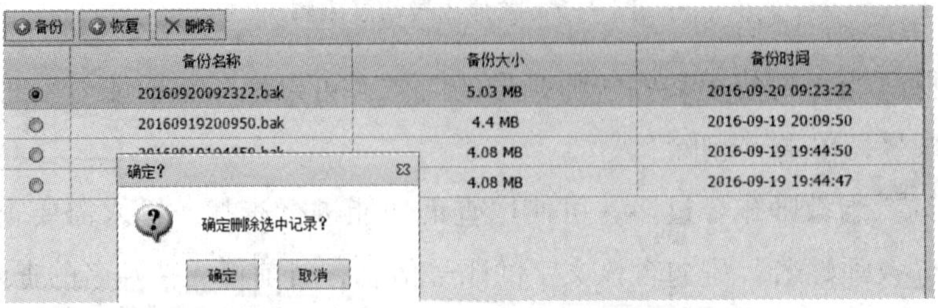

图 7-9　数据备份删除

第三节 教师端操作

教师端登录后，如图 7-10 所示。

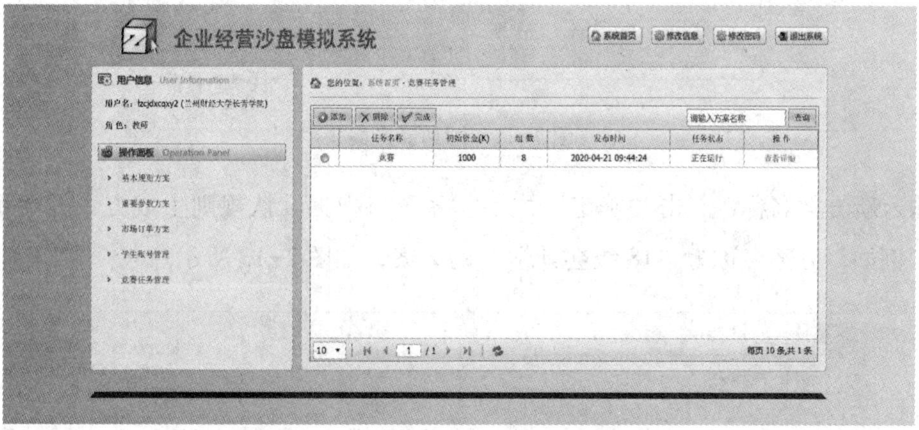

图 7-10 企业经营模拟沙盘系统教师端

教师端的主要功能模块有“基本规则方案”“重要参数方案”“市场订单方案”“学生账号管理”“竞赛任务管理”。

一、系统管理

1. 基本规则方案

单击“基本规则方案”，可以看到“方案名称”和“发布时间”，如图 7-11 所示。要注意的是，如果没有“基本规则方案”则无法创建竞赛任务。

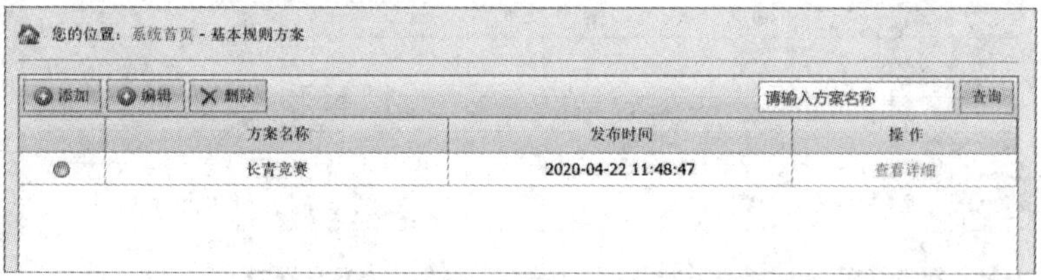

图 7-11 基本规则方案

单击“添加”，设置相应的“方案名称”，如图 7-12 所示。“方案名称”不允许重复。

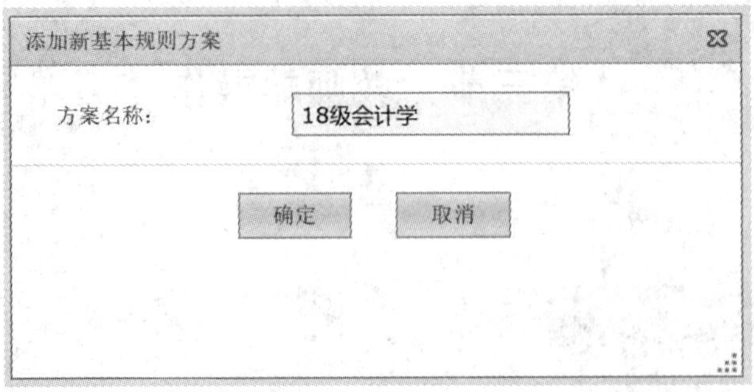

图 7-12　添加新方案

输入新方案名称，点击“确定”之后，系统将根据默认规则生成方案并显示在列表中。例如，方案名称为“18 级会计学”的方案，如图 7-13 所示。

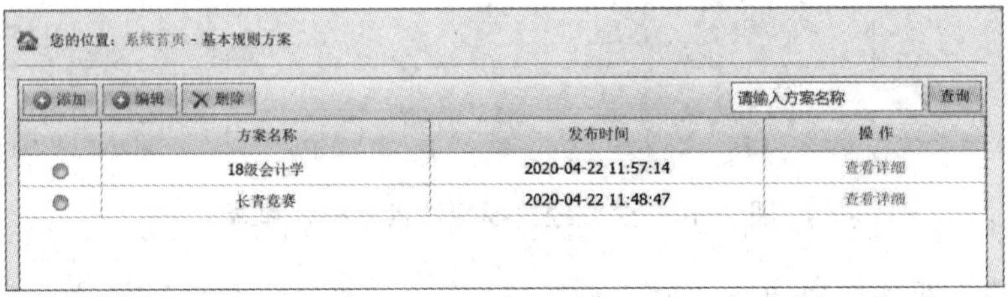

	方案名称	发布时间	操 作
	18级会计学	2020-04-22 11:57:14	查看详细
	长青竞赛	2020-04-22 11:48:47	查看详细

图 7-13　基本规则方案管理

教师可以根据需要，点击“查看详细”查看基本规划方案的详细内容，如图 7-14 所示。

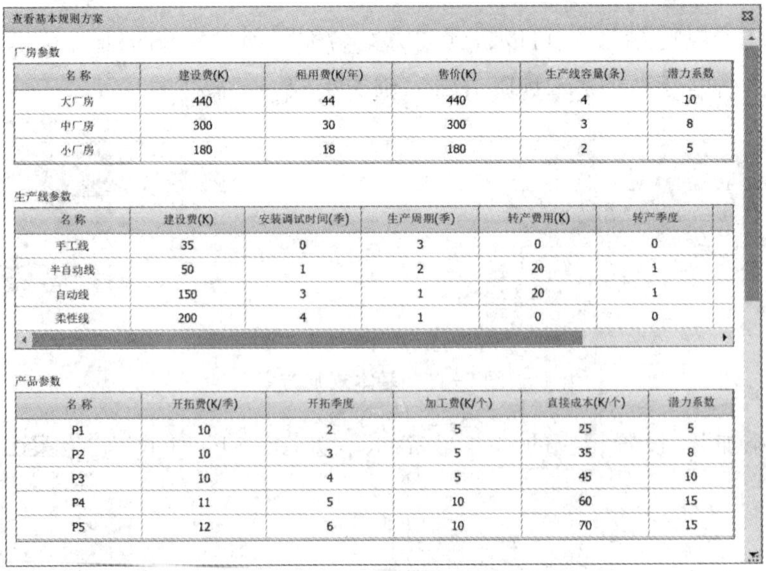

厂房参数

名 称	建设费(K)	租用费(K/年)	售价(K)	生产线容量(条)	潜力系数
大厂房	440	44	440	4	10
中厂房	300	30	300	3	8
小厂房	180	18	180	2	5

生产线参数

名 称	建设费(K)	安装调试时间(季)	生产周期(季)	转产费用(K)	转产季度
手工线	35	0	3	0	0
半自动线	50	1	2	20	1
自动线	150	3	1	20	1
柔性线	200	4	1	0	0

产品参数

名 称	开拓费(K/季)	开拓季度	加工费(K/个)	直接成本(K/个)	潜力系数
P1	10	2	5	25	5
P2	10	3	5	35	8
P3	10	4	5	45	10
P4	11	5	10	60	15
P5	12	6	10	70	15

图 7-14　查看基本规则方案

点击“编辑”，教师可对规则方案进行修改，包括厂房、生产线、产品、资格认证、市场以及原材料规则，其中潜力系数将影响系统得分的计算，如图 7-15 所示。

图 7-15　编辑规则方案

选择相应的记录，点击“删除”，可删除不必要的规则方案。

2. 重要参数方案

单击“重要参数方案”，可以看到“方案名称”和“发布时间”，如图 7-16 所示。要注意的是，如果没有“重要参数方案”则无法创建竞赛任务。

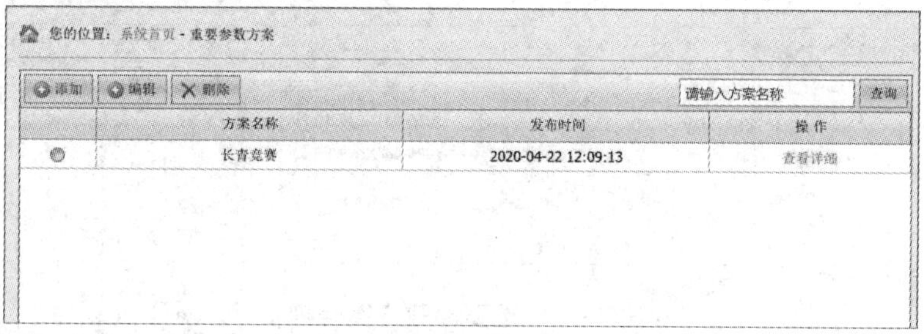

图 7-16　重要参数方案

单击“添加”，设置相应的“方案名称”，可对默认的参数进行修改，点击“确定”生成新方案，如图 7-17 所示。“方案名称”不可重复。

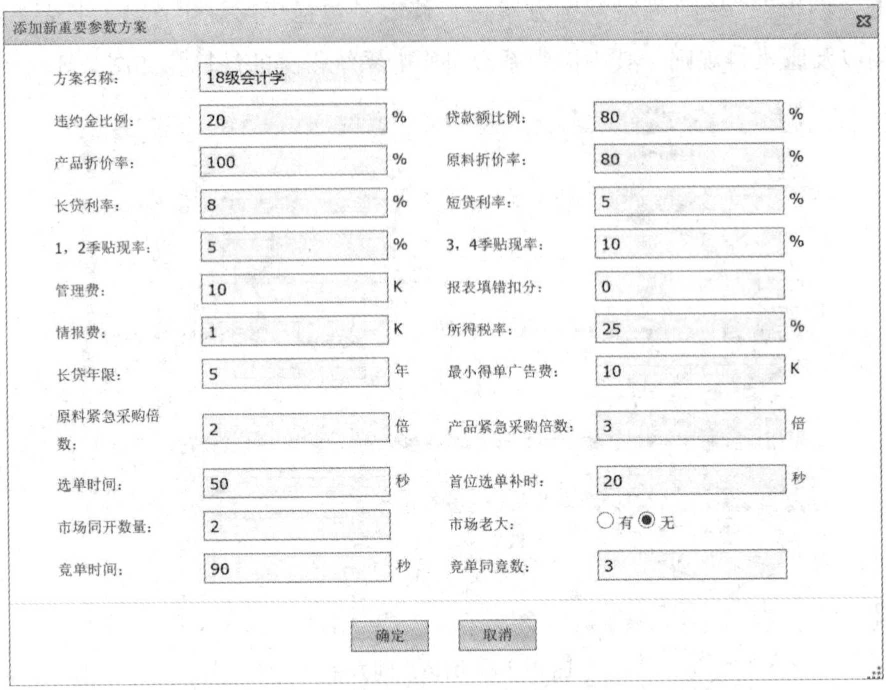

图 7-17　添加新重要参数方案

点击“确定”之后，“重要参数方案”中将显示教师所创建的方案，方案名称为“18 级会计学”方案，如图 7-18 所示。

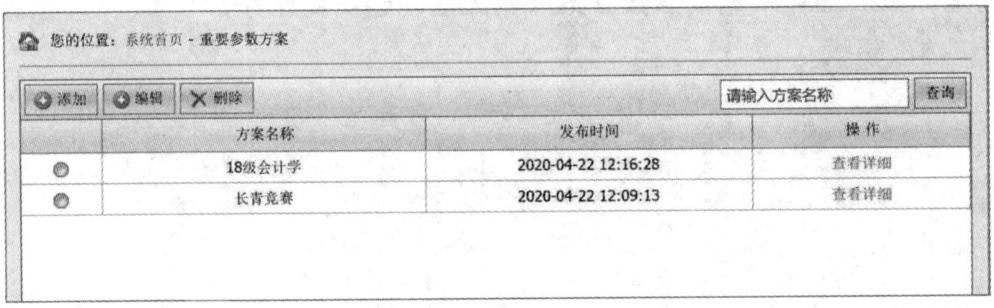

图 7-18　重要参数方案管理

教师可以根据需要，点击“查看详细”查看方案的详细内容，如图 7-19 所示。

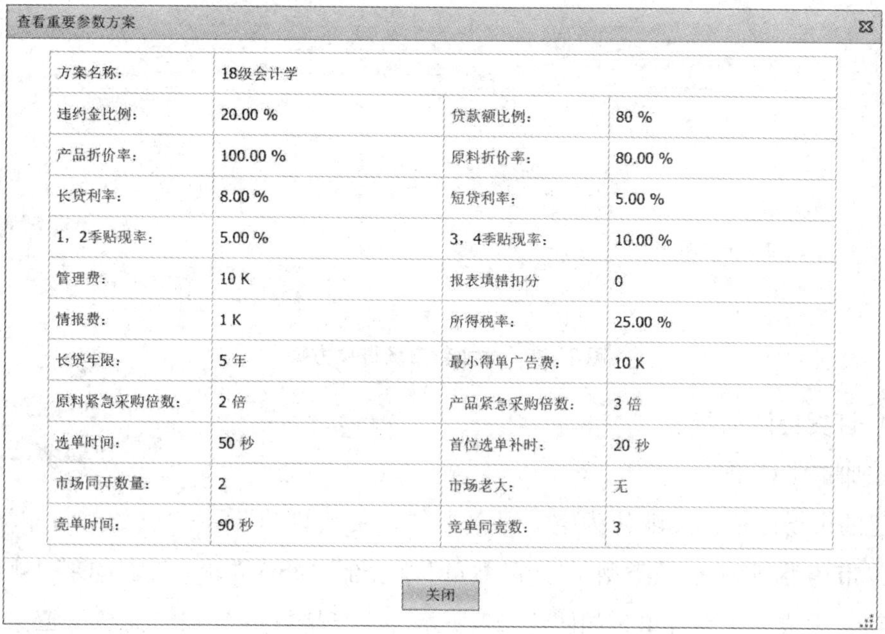

方案名称：	18级会计学		
违约金比例：	20.00 %	贷款额比例：	80 %
产品折价率：	100.00 %	原料折价率：	80.00 %
长贷利率：	8.00 %	短贷利率：	5.00 %
1，2季贴现率：	5.00 %	3，4季贴现率：	10.00 %
管理费：	10 K	报表填错扣分	0
情报费：	1 K	所得税率：	25.00 %
长贷年限：	5 年	最小得单广告费：	10 K
原料紧急采购倍数：	2 倍	产品紧急采购倍数：	3 倍
选单时间：	50 秒	首位选单补时：	20 秒
市场同开数量：	2	市场老大：	无
竞单时间：	90 秒	竞单同竞数：	3

图 7-19　查看重要参数方案

选中某一方案后点击“删除”，可删除不必要的重要参数方案。

3. 市场订单方案

单击“市场订单方案”，可以看到“方案名称”“发布时间”“订货会订单”和“竞拍会订单”，如图 7-20 所示。目前系统已添加了一些默认订单，可供选择。

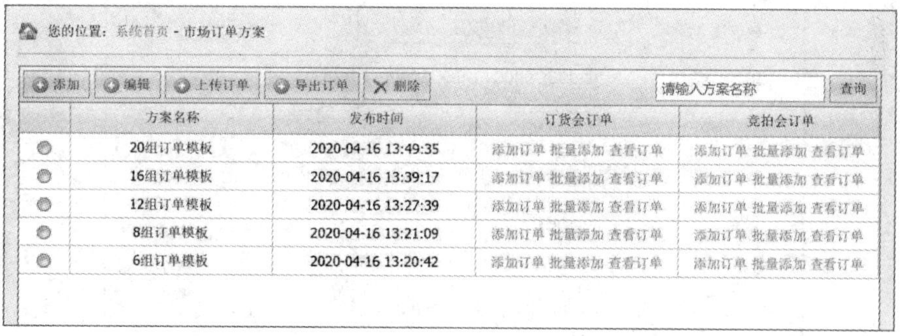

	方案名称	发布时间	订货会订单	竞拍会订单
○	20组订单模板	2020-04-16 13:49:35	添加订单 批量添加 查看订单	添加订单 批量添加 查看订单
○	16组订单模板	2020-04-16 13:39:17	添加订单 批量添加 查看订单	添加订单 批量添加 查看订单
○	12组订单模板	2020-04-16 13:27:39	添加订单 批量添加 查看订单	添加订单 批量添加 查看订单
○	8组订单模板	2020-04-16 13:21:09	添加订单 批量添加 查看订单	添加订单 批量添加 查看订单
○	6组订单模板	2020-04-16 13:20:42	添加订单 批量添加 查看订单	添加订单 批量添加 查看订单

图 7-20　市场订单方案

单击“添加”，设置相应的“方案名称”，如图 7-21 所示。“方案名称”不可重复。

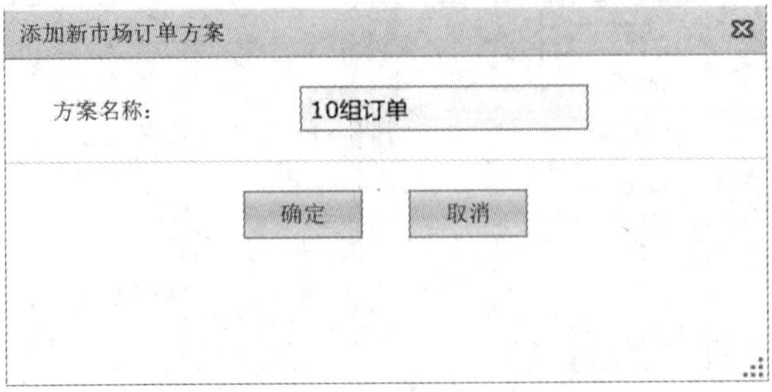

图 7-21　添加新市场订单方案

（1）订货会订单管理。

①添加单张订单。

新建的市场订单方案默认为空，可单击“订货会订单”下的“添加订单”，设置相应的“市场类型”“产品类型”“产品数量”“总价”“ISO 要求”“交货期”“账期”及“运营年”，生成一张新订单，如图 7-22 所示。“产品数量”和“总价”必须输入正整数。

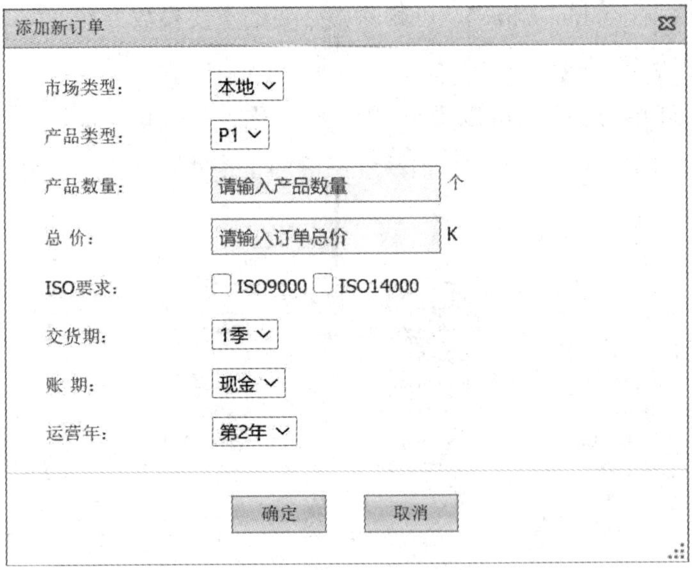

图 7-22　添加订货会订单

②批量添加订单。

单击“订货会订单”下的“批量添加”，设置相应的“市场类型”“产品类型”“订单数量”“产品数量”“产品单价”及“运营年”，同时添加在某一个细分市场内的多张订单，如图 7-23 所示。订单数量、最小产品数量、最大产品数量、最小产品单价、最大产品单价必须输入正整数，最小产品数量不能大于最大产品数量，最小产品单价不能大于最大产品单价。

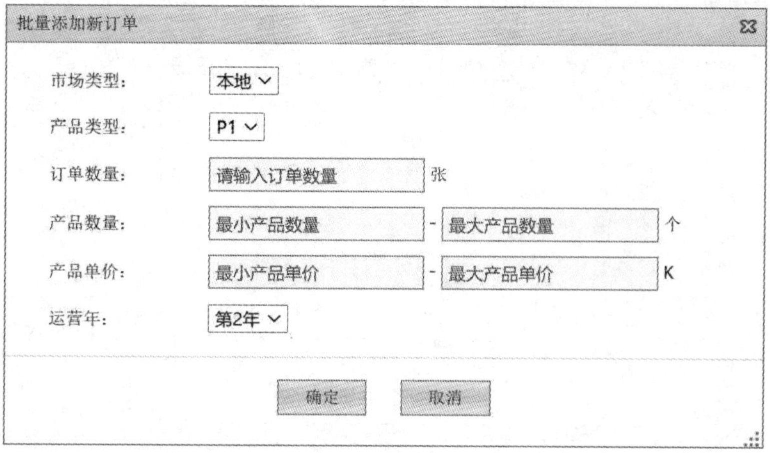

图 7-23　批量添加订单

③查看订单。

单击订货会订单下的“查看订单”，可看到该市场订单方案下的所有订单，如图 7-24 所示。

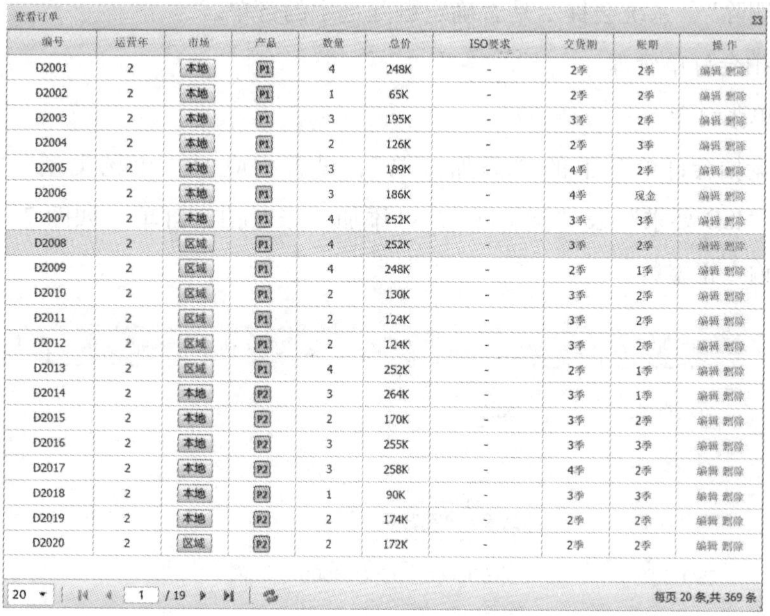

查看订单

编号	运营年	市场	产品	数量	总价	ISO要求	交货期	账期	操作
D2001	2	本地	P1	4	248K	-	2季	2季	编辑 删除
D2002	2	本地	P1	1	65K	-	2季	2季	编辑 删除
D2003	2	本地	P1	3	195K	-	3季	2季	编辑 删除
D2004	2	本地	P1	2	126K	-	2季	3季	编辑 删除
D2005	2	本地	P1	3	189K	-	4季	2季	编辑 删除
D2006	2	本地	P1	3	186K	-	4季	现金	编辑 删除
D2007	2	本地	P1	4	252K	-	3季	3季	编辑 删除
D2008	2	区域	P1	4	252K	-	3季	2季	编辑 删除
D2009	2	区域	P1	4	248K	-	2季	1季	编辑 删除
D2010	2	区域	P1	2	130K	-	3季	2季	编辑 删除
D2011	2	区域	P1	2	124K	-	3季	2季	编辑 删除
D2012	2	区域	P1	2	124K	-	3季	2季	编辑 删除
D2013	2	区域	P1	4	252K	-	2季	1季	编辑 删除
D2014	2	本地	P2	3	264K	-	3季	1季	编辑 删除
D2015	2	本地	P2	2	170K	-	3季	2季	编辑 删除
D2016	2	本地	P2	3	255K	-	3季	3季	编辑 删除
D2017	2	本地	P2	3	258K	-	4季	2季	编辑 删除
D2018	2	本地	P2	1	90K	-	3季	3季	编辑 删除
D2019	2	本地	P2	2	174K	-	2季	2季	编辑 删除
D2020	2	区域	P2	2	172K	-	2季	2季	编辑 删除

20　1 / 19　每页 20 条,共 369 条

图 7-24　查看订货会订单

④编辑订单。

单击“编辑”，可编辑修改订单相应的参数，如图 7-25 所示。产品数量、总价必须输入正整数。

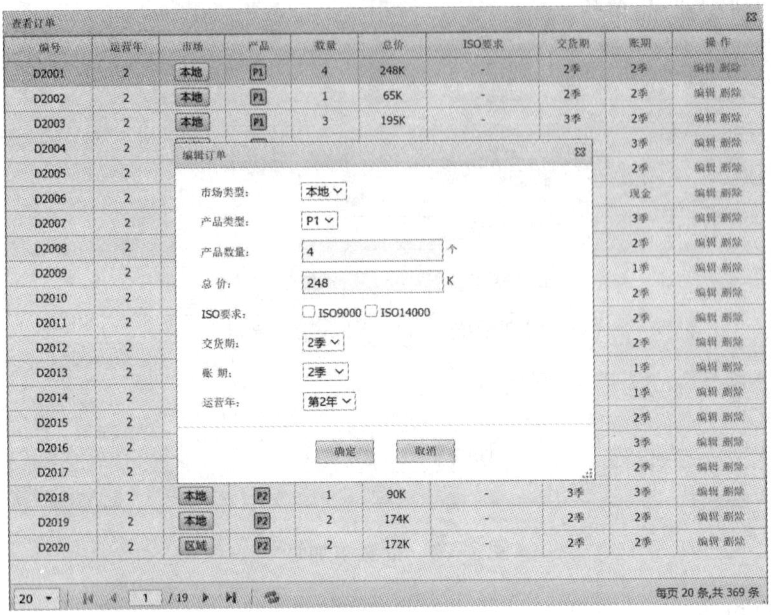

图 7-25 编辑订单

⑤删除订单。

单击“删除”，系统会提示是否确定删除选中的订单。

（2）竞拍会订单管理。

①添加单张订单。

单击“竞拍会订单”下的“添加订单”，设置相应的“市场类型”“产品类型”“产品数量”“ISO 要求”及“运营年”，可添加一张竞拍会订单，如图 7-26 所示。产品数量必须输入正整数。

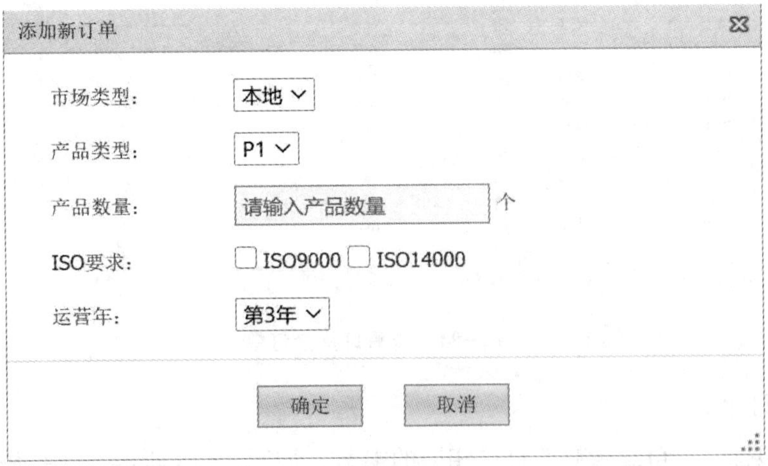

图 7-26 添加竞拍会订单

②批量添加订单。

单击竞拍会订单下的“批量添加”，设置相应的“市场类型”“产品类型”“订单数量”“产品数量”及“运营年”，同时添加在某一个细分市场内的多张竞拍会订单，如图 7-27 所示。订单数量、最小产品数量、最大产品数量必须输入整数，最小产品数量不能大于最大产品数量。

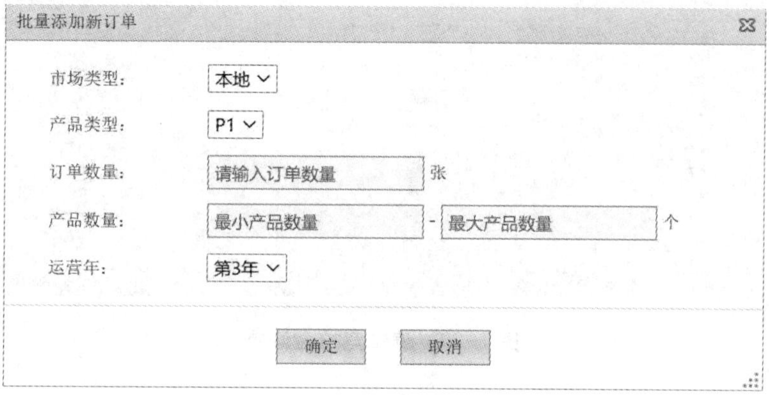

图 7-27 批量添加竞拍会订单

③查看订单。

单击竞拍会订单下的“查看订单”，可看到如图 7-28 所示的内容。

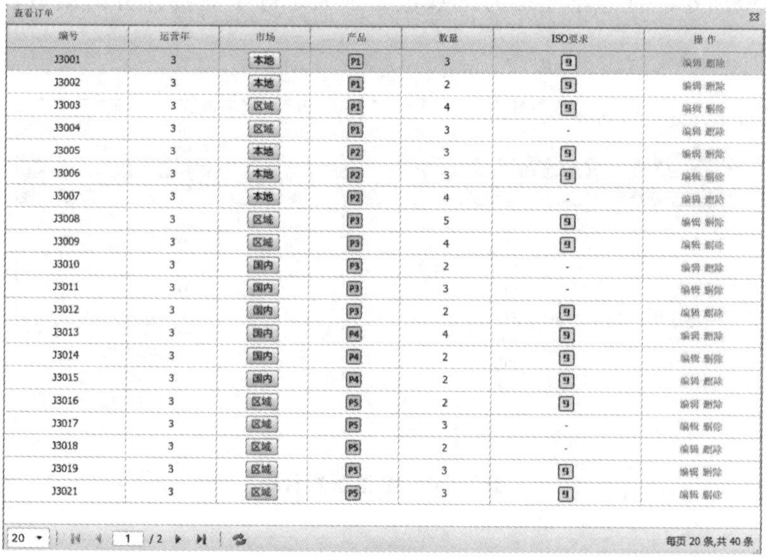

查看订单

编号	运营年	市场	产品	数量	ISO要求	操作
J3001	3	本地	P1	3	9	编辑 删除
J3002	3	本地	P1	2	9	编辑 删除
J3003	3	区域	P1	4	9	编辑 删除
J3004	3	区域	P1	3	-	编辑 删除
J3005	3	本地	P2	3	9	编辑 删除
J3006	3	本地	P2	3	9	编辑 删除
J3007	3	本地	P2	4	-	编辑 删除
J3008	3	区域	P3	5	9	编辑 删除
J3009	3	区域	P3	4	9	编辑 删除
J3010	3	国内	P3	2	-	编辑 删除
J3011	3	国内	P3	3	-	编辑 删除
J3012	3	国内	P3	2	9	编辑 删除
J3013	3	国内	P4	4	9	编辑 删除
J3014	3	国内	P4	2	9	编辑 删除
J3015	3	国内	P4	2	9	编辑 删除
J3016	3	区域	P5	2	9	编辑 删除
J3017	3	区域	P5	3	-	编辑 删除
J3018	3	区域	P5	2	-	编辑 删除
J3019	3	区域	P5	3	9	编辑 删除
J3021	3	区域	P5	3	9	编辑 删除

20 1 /2 每页 20 条,共 40 条

图 7-28 查看竞拍会订单

④编辑订单。

单击“编辑”，可编辑修改订单相应的参数，如图 7-29 所示。

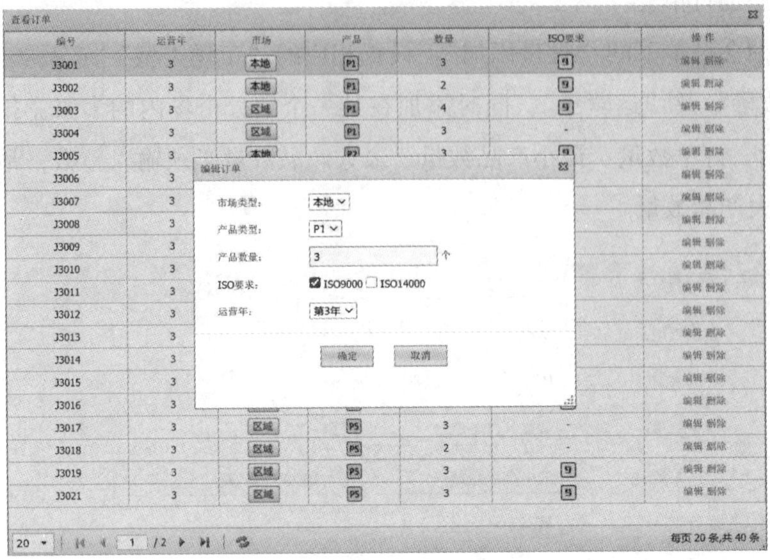

图 7-29　编辑竞拍会订单

⑤删除订单。

单击“删除”，系统会提示是否确定删除选中的订单。

4. 学生账号管理

单击“学生账号管理”，主要功能有“添加”“批量添加”“编辑”“删除”学生账号，如图 7-30 所示。注意学生账号的数量必须大于等于竞赛任务的组数，否则不能创建竞赛任务。

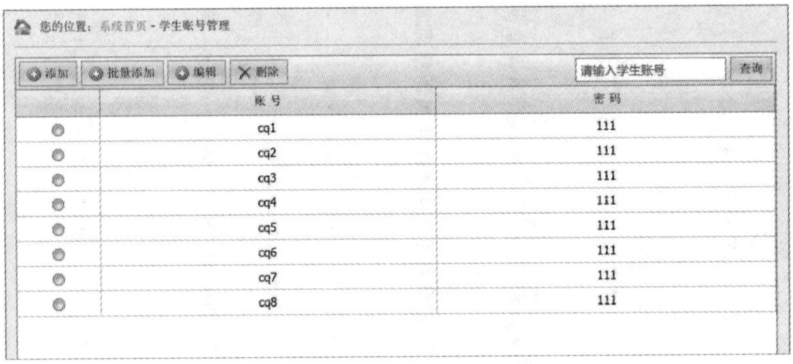

图 7-30　学生账号管理

（1）添加。

单击“添加”，可新增一个学生账号，如图 7-31 所示。

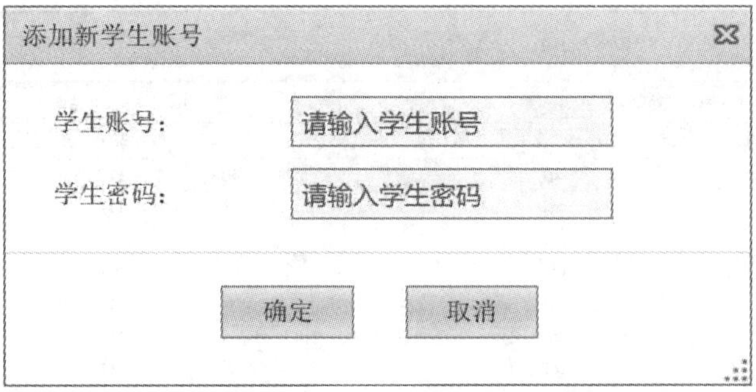

图 7-31　添加学生账号

学生账号添加规则：

● 学生账号：由英文字母和数字组成；账号不允许重复，以教师账号为前缀进行编码。

● 学生密码：由英文字母和数字组成。

单击“批量添加”，可一次性添加多个账号，如图 7-32 所示。

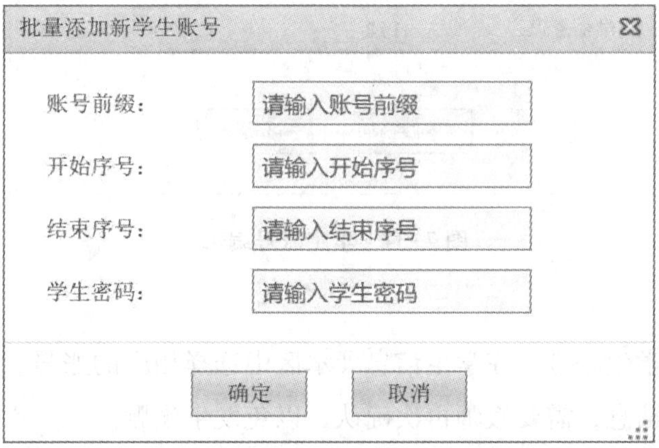

图 7-32　批量添加学生账号

学生账号批量添加规则：

● 账号前缀：由英文字母和数字组成；

● 开始序号、结束序号：只能为数字，且开始序号必须小于结束序号；

● 学生密码：由英文字母和数字组成；批量添加的账号密码相同。

（2）编辑。

在学生信息展示区选择要编辑的学生账号，不可以同时选择多个学生账号，如图 7-33 所示。

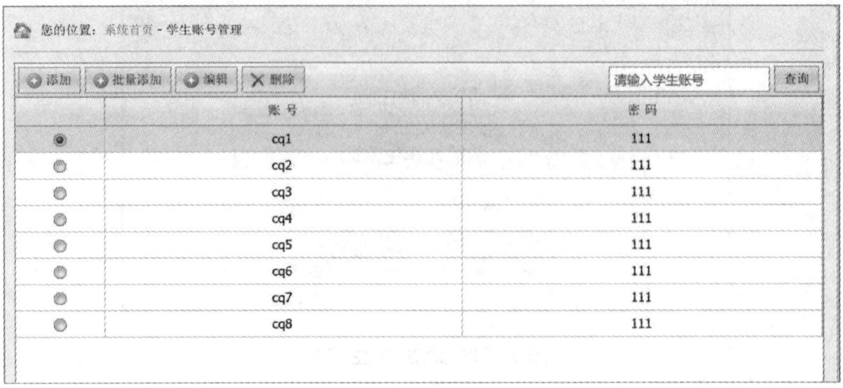

图 7-33　学生账号编辑选择界面

单击“编辑”后可以修改账号和密码，如图 7-34 所示。

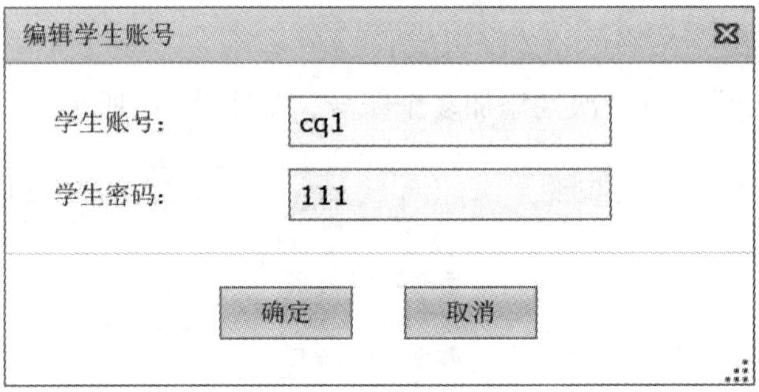

图 7-34　学生账号编辑

（3）删除。

如有需要删除学生账号，在学生信息展示区中选择相应的账号，单击“删除”，系统将会提示相应的信息，需要教师再次确认，以免发生误删。

（4）查询。

当学生账号多到一定程度时会为教师账号管理带来一定的麻烦，这时教师就需要根据需要快速定位学生账号，以最快的速度展示学生的账号信息，以便对其进行编辑与删除。例如，查询账号包含“C”的学生信息时，在输入框中输入“C”，单击“查询”，将显示所有包含“C”的账号，如图 7-35 所示。

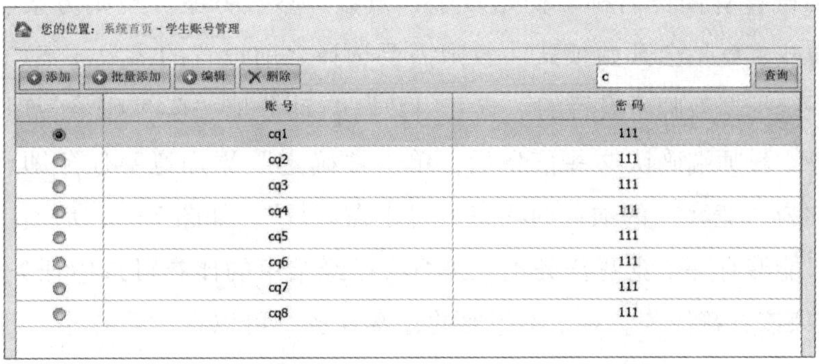

图 7-35　查询学生账号

5. 竞赛任务管理

单击“竞赛任务管理”，主要功能有“添加”“删除”“完成”项目，如图 7-36 所示。竞赛任务管理主要是在课程开始前进行基本规则、重要参数、市场订单和初始状态等的配置，并在比赛过程中，对课程和各组进行监控和管理。

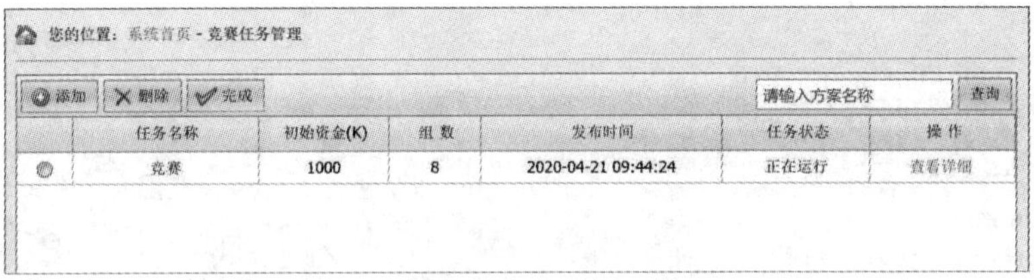

图 7-36　竞赛任务管理

单击“添加”，可以添加新的竞赛任务，如图 7-37 所示。

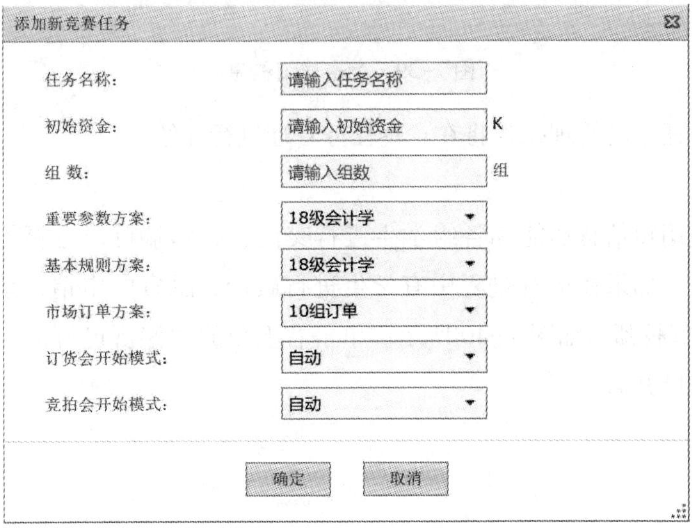

图 7-37　添加新的竞赛任务

教师主要设置有任务名称、初始资金、组数、参数方案、规则方案、订单方案、订货会开始模式、竞拍会开始模式。教师需要选择之前设置的参数方案、规则方案和订单方案。系统根据教师所设置的“参赛组数”自动分配“学生账号管理”中的学生账号到该任务，教师端确认这些信息后，单击“确定”添加竞赛任务即可开始课程，当前项目名称为“竞赛”的项目的状态为“正在运行”，如图 7-38 所示。一个教师账号同一时间只能够有一个竞赛任务正在进行，已经结束的比赛可选中任务后点击“完成”，代表结束该竞赛任务。对于不想要的比赛任务，可以选中后点击“删除”，删掉该条记录。

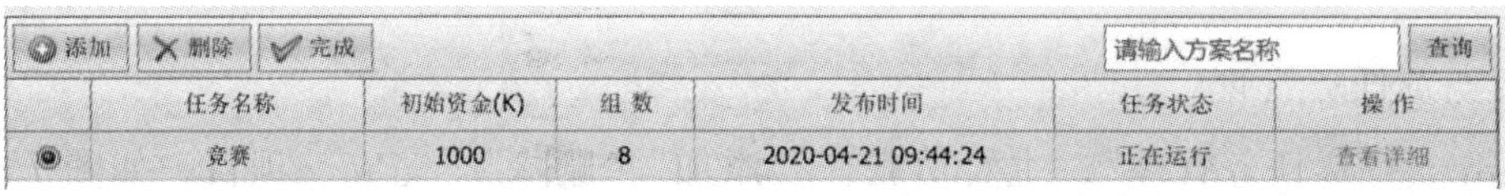

图 7-38　竞赛任务状态

教师可以单击项目的“查看详细”进行信息查看以及相应项目管理，如图 7-39 所示。

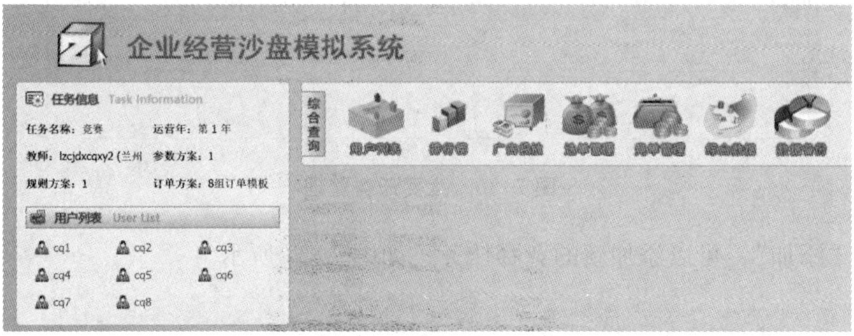

图 7-39　竞赛详细信息

具体对竞赛任务的管理操作将在竞赛任务管理进行介绍。

6. 短信息

教师可以使用短信息功能和各组学生进行交流，教师端可以选择给所有学生或单个学生发送消息。如果在运营过程中有学生进行破产、融资的申请，系统还会自动在“短信息”中提醒教师，如图 7-40 所示。单击右上角的“滚屏已开启”可以关闭滚屏功能，再次单击后开启。

图 7-40　短信息

单击“高级编辑器”打开编辑器，如图 7-41 所示。在高级编辑器中可以对文本样式进行编辑。点击连接按钮，可以上传图片和文档。

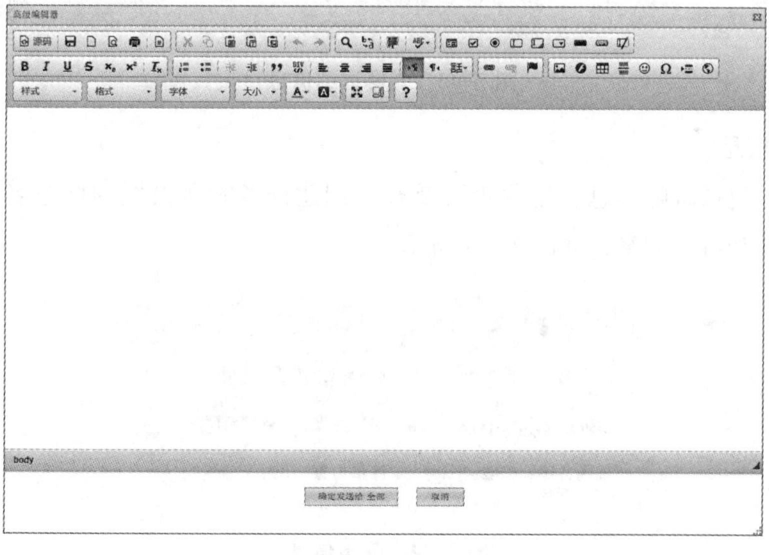

图 7-41　高级编辑器

二、竞赛任务管理

教师创建竞赛任务完成后，可以对当前教师账号的所有竞赛任务进行管理，单击“竞赛任务管理”，如图 7-42 所示。

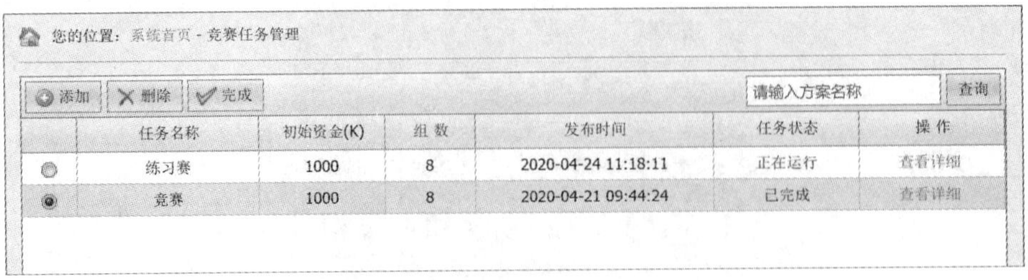

图 7-42　竞赛任务管理

教师可以点击“查看详细”，对“正在进行”的任务进行相应的学生账号管理、市场的“交互干预”以及信息查询等操作；对“已完成”的任务，单击“查看详细”进行历史数据的查询，在任务详细页面中显示的信息主要包括：任务信息、综合查询、用户列表，如图 7-43 所示。

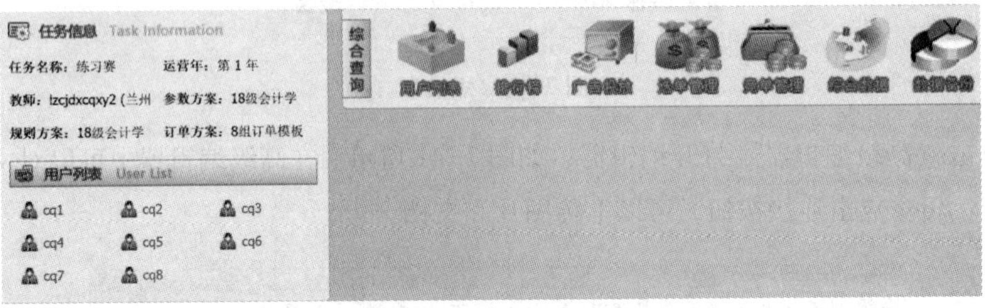

图 7-43　竞赛详细信息

1. 任务信息

任务信息包括教师信息、运营年以及教师创建任务时所设置的任务名称、参数方案、规则方案和订单方案，如图 7-44 所示。

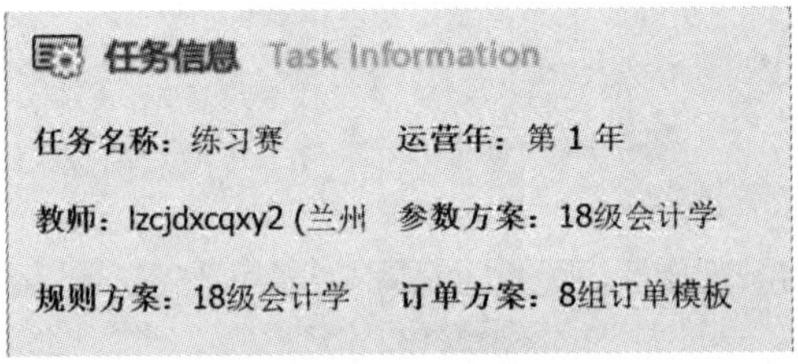

图 7-44　任务信息

2. 综合查询

综合查询主要包括用户列表、排行榜、广告投放、选单管理、竞单管理、综合数据、数据备份。

（1）用户列表。

在“用户列表”中可查看当前正在运营的所有公司信息，包括用户名、密码、现金、运营时间以及状态，如图 7-45 所示。

用户列表

用户名	用户密码	现金	运营时间	广告投放	订货会	状态	操作
cq1	111	1000K	第1年1季 - 当年开始	未提交	-	正在经营	还原
cq2	111	1000K	第1年1季 - 当年开始	未提交	-	正在经营	还原
cq3	111	1000K	第1年1季 - 当年开始	未提交	-	正在经营	还原
cq4	111	1000K	第1年1季 - 当年开始	未提交	-	正在经营	还原
cq5	111	1000K	第1年1季 - 当年开始	未提交	-	正在经营	还原
cq6	111	1000K	第1年1季 - 当年开始	未提交	-	正在经营	还原
cq7	111	1000K	第1年1季 - 当年开始	未提交	-	正在经营	还原
cq8	111	1000K	第1年1季 - 当年开始	未提交	-	正在经营	还原

图 7-45　用户列表

（2）排行榜。

在“排行榜”中可查看所有小组的运营年、综合发展潜力、所有者权益以及得分情况，按分数高低进行排序，如图 7-46 所示。

排行榜

排名	用户名	运营年	综合发展潜力	罚分	所有者权益	总得分
1	cq1	第1年	0	0	0	0
2	cq2	第1年	0	0	0	0
3	cq3	第1年	0	0	0	0
4	cq4	第1年	0	0	0	0
5	cq5	第1年	0	0	0	0
6	cq6	第1年	0	0	0	0
7	cq7	第1年	0	0	0	0
8	cq8	第1年	0	0	0	0

图 7-46　排行榜

（3）广告投放。

在“广告投放”中可以查看所有小组的广告投放情况，如图 7-47 所示。

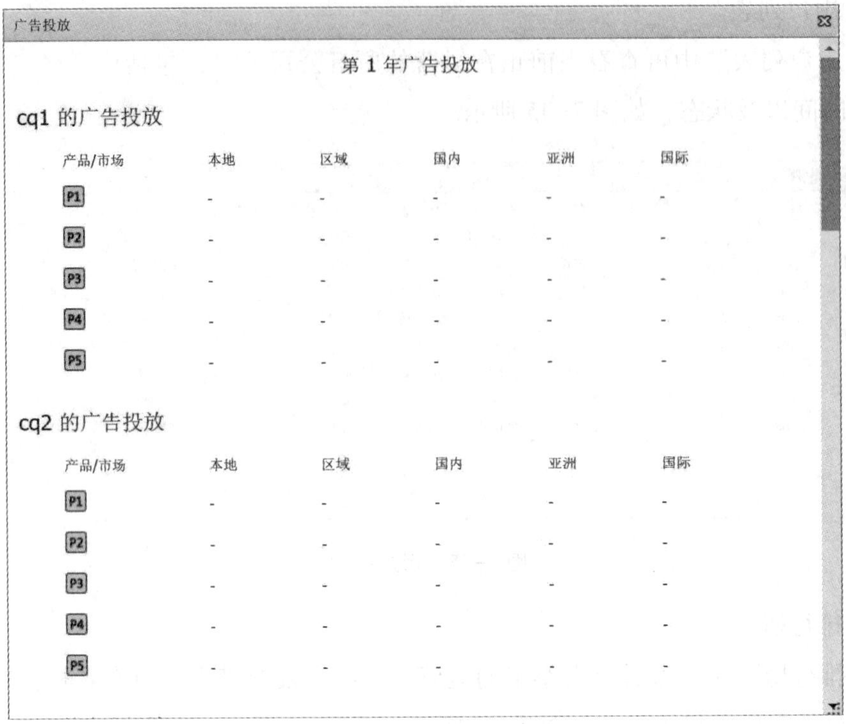

图 7-47　广告投放

（4）选单管理。

在“选单管理”中，教师可选择订货会模式，分为“自动”和“手动”两种。自动模式下，在所有组投放广告结束后，订货会自动开始；手动模式下，需要教师手动点击开始订货会，如图 7-48 所示。

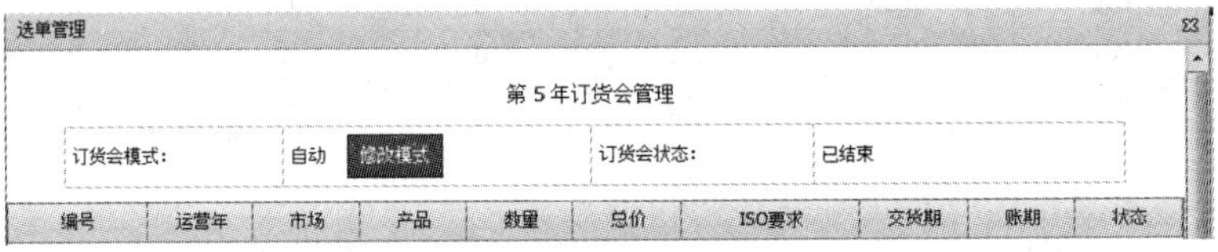

图 7-48　选单管理

（5）竞单管理。

在“竞单管理”中，教师可选择竞拍会模式，分为“自动”和“手动”两种。自动模式下，在第三年、第六年所有组参加完订货会后，竞拍会自动开始；手动模式下，需要教师手动点击开始竞拍会，如图 7-49 所示。

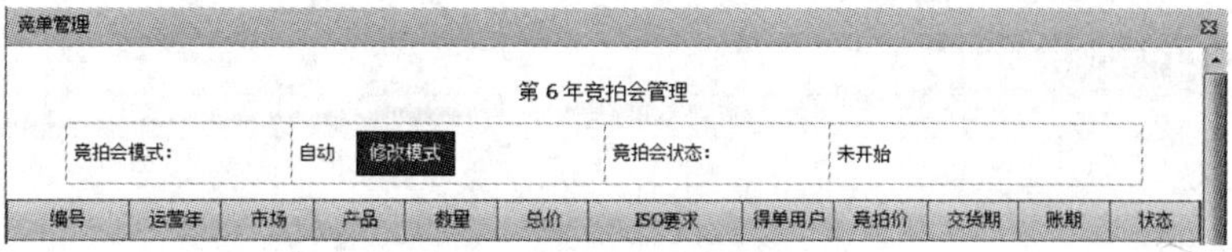

图 7-49 竞单管理

（6）综合数据。

在“综合数据”中，选择年份，点击“查询”，可以查看各组的综合数据。点击“导出 EXCEL”可以导出综合数据文档，如图 7-50 所示。

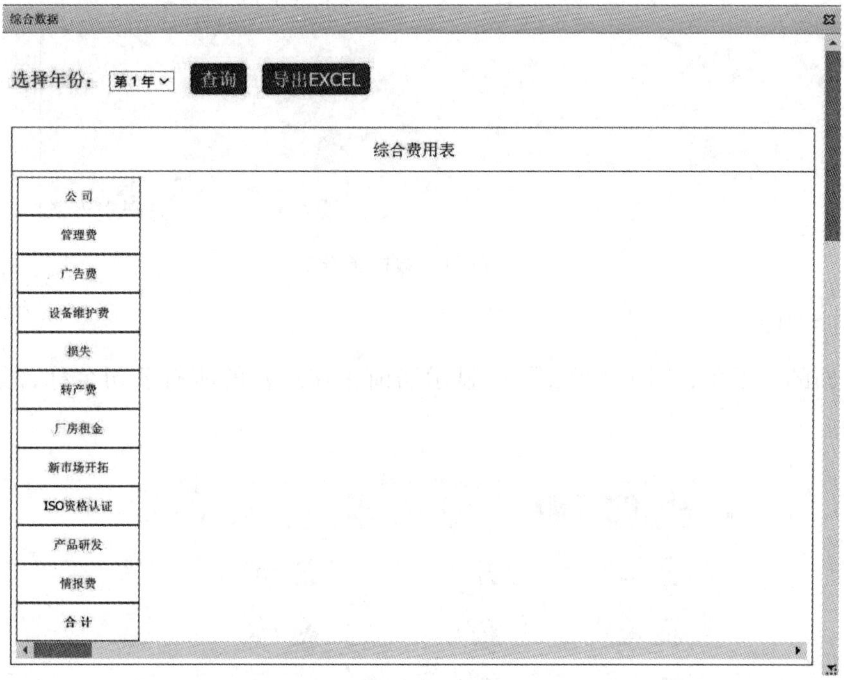

图 7-50 综合数据

（7）数据备份。

在“数据备份”中，教师可以对正在进行的任务进行备份。单击“备份”按钮，输入名称后点“确定”添加备份记录。选中不需要的备份，点击“删除”可以删除该条备份记录，如图 7-51 所示。

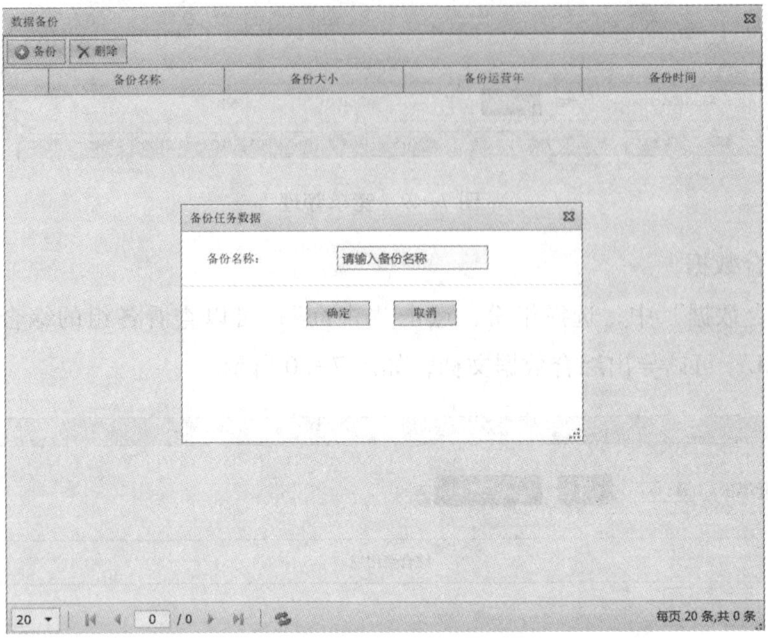

图 7-51　数据备份

3. 用户列表

在页面的左下角，“用户列表”中显示当前正在运营的所有公司名称，如图 7-52 所示。

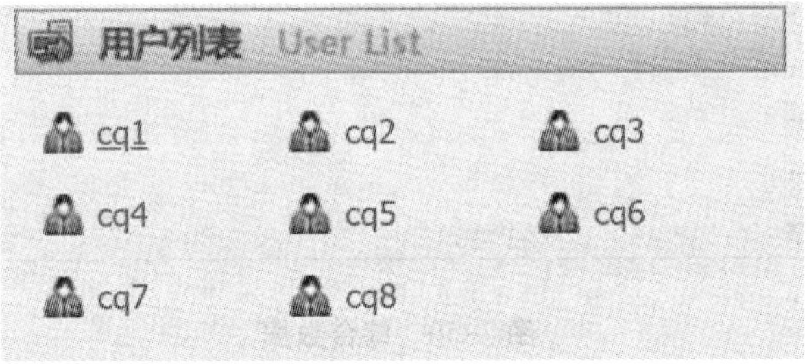

图 7-52　用户列表

（1）公司综合信息。

在“用户列表”中单击某一组，右侧将显示该组的当前详细运营信息，主要包括公司综合信息、现金明细、综合费用表、利润表、资产负债表、库存信息、银行贷款、厂房与生产线、订单信息，并可点击“导出 EXCEL”对数据进行导出，如图 7-53 所示。

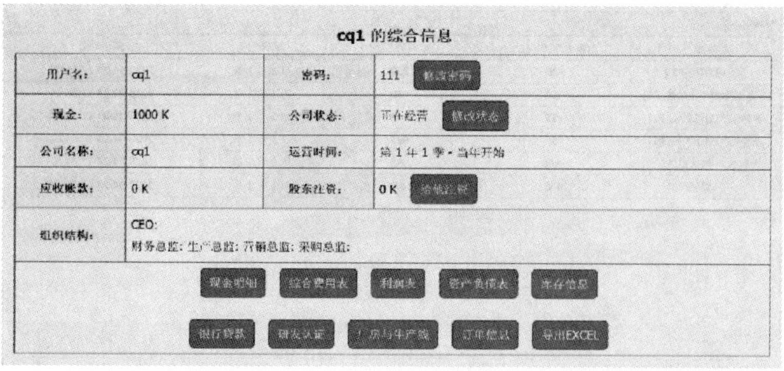

图 7-53 用户综合运营信息

（2）数据还原。

点击运营时间栏的“数据还原”，选中要还原的备份记录，点击“还原”，可以还原该组用户的运营数据，如图 7-54 所示。

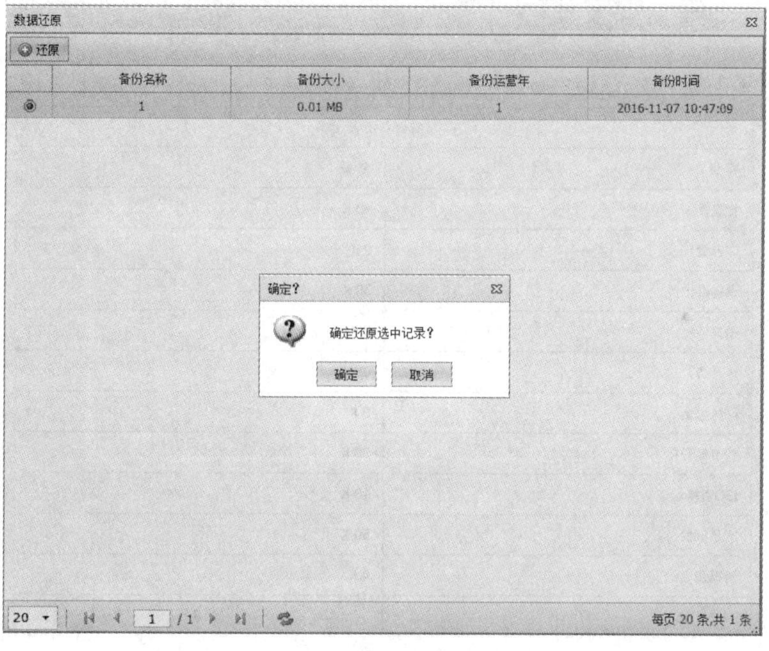

图 7-54 数据还原

（3）现金明细。

在“现金明细”中会列出公司运营过程中所有现金变动的操作情况，按时间顺序进行排列，如图 7-55 所示。

现金明细

备注	收入/支出(K)	公司资产(K)	运营时间	系统时间
产品研发[P1,P2,]	-20	820	第 1 年 1 季	2020-04-24 17:05:42
新建生产线[半自动线, P1]	-50	840	第 1 年 1 季	2020-04-24 17:05:16
新建生产线[手工线, P1]	-35	890	第 1 年 1 季	2020-04-24 17:05:09
新建生产线[手工线, P1]	-35	925	第 1 年 1 季	2020-04-24 17:05:02
购置厂房[大厂房]	-440	960	第 1 年 1 季	2020-04-24 17:04:52
申请长贷	400	1400	第 1 年 1 季	2020-04-24 17:04:14

图 7-55　用户现金明细

（4）综合费用表。

在“综合费用表”中会列出公司从开始运营年至当前运营年每年的综合费用情况，数据实时更新，如图 7-56 所示。

综合费用表

第 1 年

综合费用表	
项 目	金 额
管理费	40 K
广告费	0 K
设备维护费	30 K
损失	0 K
转产费	0 K
厂房租金	0 K
新市场开拓	30 K
ISO资格认证	10 K
产品研发	50 K
情报费	0 K
合 计	160 K

图 7-56　用户综合费用表

（5）利润表。

在“利润表”中会列出公司从开始运营年至当前运营年每年的利润情况，数据实时更新，如图 7-57 所示。

利润表

第 1 年

利润表	
项 目	金 额
销售收入	0 K
- 直接成本	0 K
毛利	0 K
- 综合费用	160 K
折旧前利润	-160 K
- 折旧	0 K
支付利息前利润	-160 K
- 财务费用	32 K
税前利润	-192 K
- 所得税	0 K
年度净利润	-192 K

图 7-57　用户利润表

（6）资产负债表。

在“资产负债表”中会列出公司从开始运营年至当前运营年每年的资产与负债情况，数据实时更新，如图 7-58 所示。

资产负债表

第 1 年

资产负债表			
项 目	金 额	项 目	金 额
现金	548 K	长期负债	400 K
应收款	0 K	短期负债	0 K
在制品	0 K	——	
产成品	0 K	——	
原材料	50 K	——	
流动资产合计	598 K	负债合计	400 K
厂房	440 K	股东资本	1000 K
生产线	170 K	利润留存	0 K
在建工程	0 K	年度净利	-192 K
固定资产合计	610 K	所有者权益合计	808 K
资产总计	1208 K	负债和所有者权益总计	1208 K

图 7-58　用户资产负债表

（7）库存信息。

在“库存信息”中会列出公司当前原材料以及产成品的库存情况，数据实时更新，如图 7-59 所示。

库存信息

原材料	现有库存
R1	10
R2	0
R3	0
R4	0

产成品	现有库存
P1	0
P2	0
P3	0
P4	0
P5	0

图 7-59 用户库存信息

（8）银行贷款。

在“银行贷款”中会列出公司当前所有长期贷款以及短期贷款的情况，数据实时更新，如图 7-60 所示。

银行贷款

贷款类型	贷款金额	贷款年限	贷款时间	还款时间
长期贷款	400K	5年	第1年1季	第5年4季

图 7-60 用户银行贷款信息

（9）厂房与生产线。

在“厂房与生产线”中会列出公司当前所有厂房以及生产线的安装及购置情况，数据实时更新，如图 7-61 所示。

厂房与生产线

编号	名称	状态	容量	购价	租金	售价	置办时间
1	大厂房	购买	0/4	440K	44K/年	440K	第1年1季

编号	名称	所属厂房	产品	累计折旧	状态	剩余时间	新建时间	建成时间
1	手工线	[1] 大厂房	P1	0K	空闲	-	第1年1季	第1年1季
2	手工线	[1] 大厂房	P1	0K	空闲	-	第1年1季	第1年1季
3	半自动线	[1] 大厂房	P1	0K	空闲	-	第1年1季	第1年2季
4	半自动线	[1] 大厂房	P1	0K	空闲	-	第1年3季	第1年4季

图 7-61 用户厂房与生产线信息

（10）订单信息。

在“订单信息”中会列出公司从开始运营年至当前运营年每年的订单信息以及交单情况，数据实时更新。

（11）其他操作。

①修改密码。

教师端可对任一小组进行修改密码、更改运营状态以及注资的操作。教师可直接对学生账号密码进行修改，输入新密码然后点击“确定”，如图 7-62 所示。

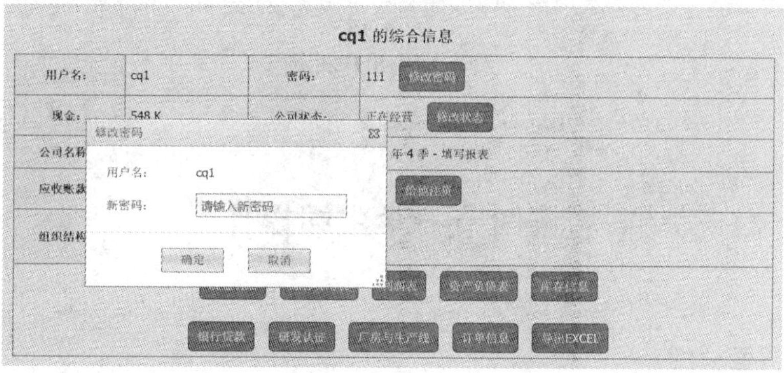

图 7-62　修改用户密码

②修改状态。

企业状态分为“正在运营”和“破产”两种，教师可根据实际情况进行修改，如图 7-63 所示。

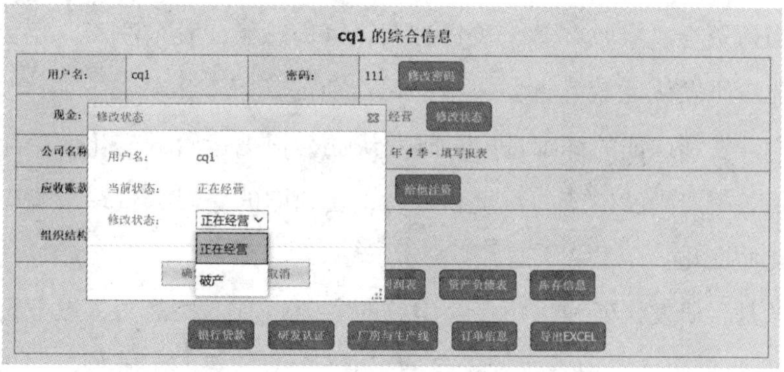

图 7-63　修改用户状态

③注资。

教师在经营过程中可对小组进行注资，注资金额必须为正整数，且不大于 99 999，如图 7-64 所示。

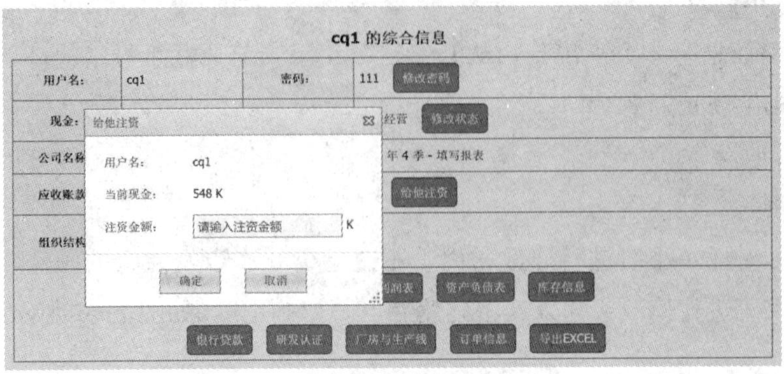

图 7-64 用户注资

第四节 学生端操作

一、学生端界面介绍

1. 学生端左侧信息栏

左侧信息栏中包括用户信息、账务信息、研发认证信息、采购库存信息，如图 7-65 所示。

用户信息主要包括学生用户名、运营时间、运营状态和公司潜力值。账务信息主要包括公司当前资金、应收账款、长贷总额、短贷总额、股东注资，经费会根据运营的变化而变化。研发认证信息主要包括公司当前的市场准入资格、生产资格、ISO 资格，以及它们开发和认证的详细进度。研发认证会根据运营的变化而变化。采购库存信息主要包括各类产品已生产的数量和在途、已到库的原料数量，采购库存信息会根据运营的变化而变化。

要注意的是，研发认证和采购库存信息的右上角有下拉箭头，点下拉箭头可以查看详细信息。

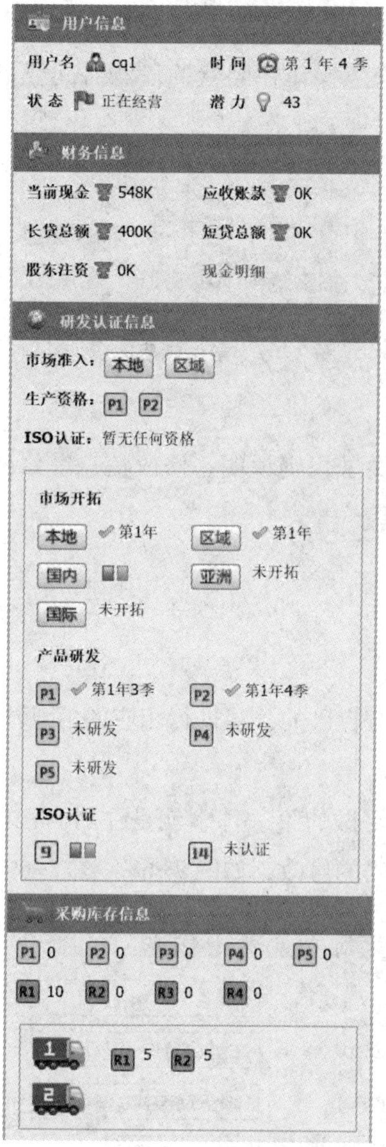

图 7-65　学生端信息栏

2. 企业经营的操作流程

企业经营的操作流程需按其规定的顺序完成，将在“学生端操作流程”中作详细介绍，如图 7-66 所示。

图 7-66　学生端操作流程

3. 应急

为应对公司突然情况，应急操作在经营的任意时间皆可进行，将在“学生端操作流程”中作详细介绍，如图 7-67 所示。

图 7-67　学生端应急操作

4. 其他功能

企业经营模拟系统还提供了规则说明、修改信息、修改密码的功能，将在“学生端操作流程”中作详细介绍。

二、学生端操作流程

1. 信息确认

学生登录系统后首先要对自己的公司进行相应的信息注册并确认市场及规则信息。

（1）公司信息注册。

学生在登录系统后，需要做的第一件事就是注册自己的公司信息，主要包括各管理岗位的人员定岗、账号密码的修改，如图 7-68、图 7-69 所示。

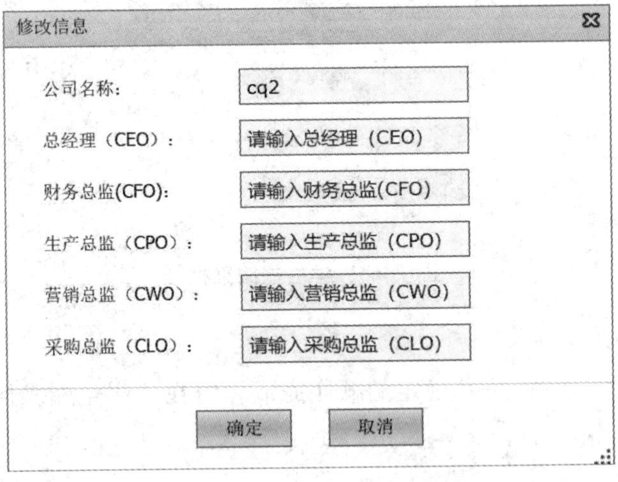

图 7-68　学生端修改信息

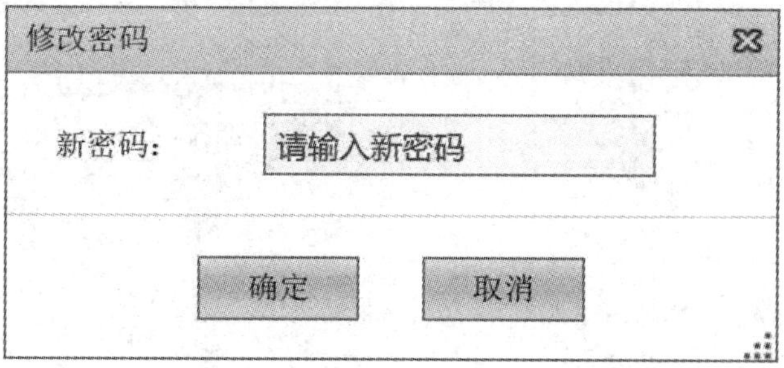

图 7-69 学生端修改密码

（2）市场订单。

进行公司营销战略决策的时候，决策者需要清楚地了解相应的市场产品需求信息。系统中提供了未来运营年的订货会订单和竞拍会订单信息，各公司可通过“市场订单”进行相应的查询，如图 7-70 所示。

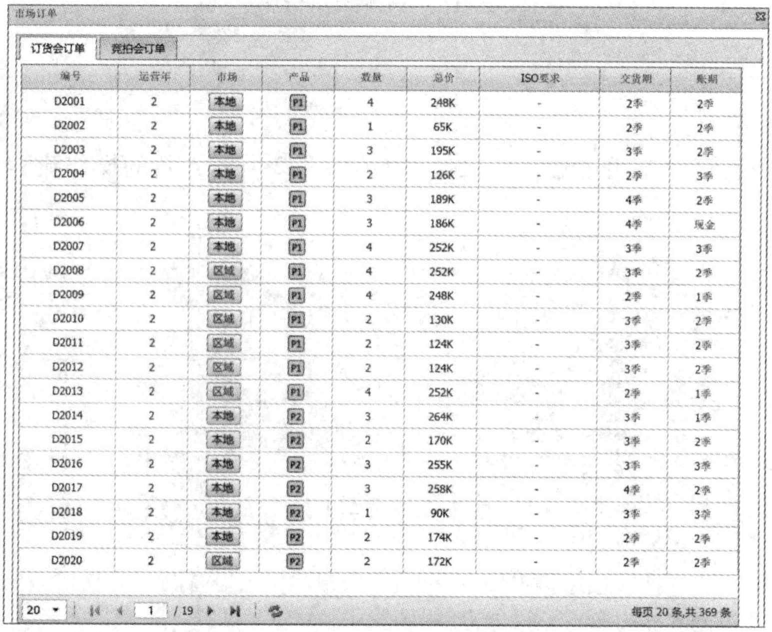
市场订单

订货会订单 竞拍会订单

编号	运营年	市场	产品	数量	总价	ISO要求	交货期	账期
D2001	2	本地	P1	4	248K	-	2季	2季
D2002	2	本地	P1	1	65K	-	2季	2季
D2003	2	本地	P1	3	195K	-	3季	2季
D2004	2	本地	P1	2	126K	-	2季	3季
D2005	2	本地	P1	3	189K	-	4季	2季
D2006	2	本地	P1	3	186K	-	4季	现金
D2007	2	本地	P1	4	252K	-	3季	3季
D2008	2	区域	P1	4	252K	-	3季	2季
D2009	2	区域	P1	4	248K	-	2季	1季
D2010	2	区域	P1	2	130K	-	3季	2季
D2011	2	区域	P1	2	124K	-	3季	2季
D2012	2	区域	P1	2	124K	-	3季	2季
D2013	2	区域	P1	4	252K	-	2季	1季
D2014	2	本地	P2	3	264K	-	3季	1季
D2015	2	本地	P2	2	170K	-	3季	2季
D2016	2	本地	P2	3	255K	-	3季	3季
D2017	2	本地	P2	3	258K	-	4季	2季
D2018	2	本地	P2	1	90K	-	3季	3季
D2019	2	本地	P2	2	174K	-	2季	2季
D2020	2	区域	P2	2	172K	-	2季	2季

20 1 / 19 每页 20 条,共 369 条

图 7-70 学生端市场订单查询

（3）规则说明。

各组在操作的过程中，在不熟悉规则的情况下，可以进行规则查看，点击“规则说明”，如图 7-71 所示。

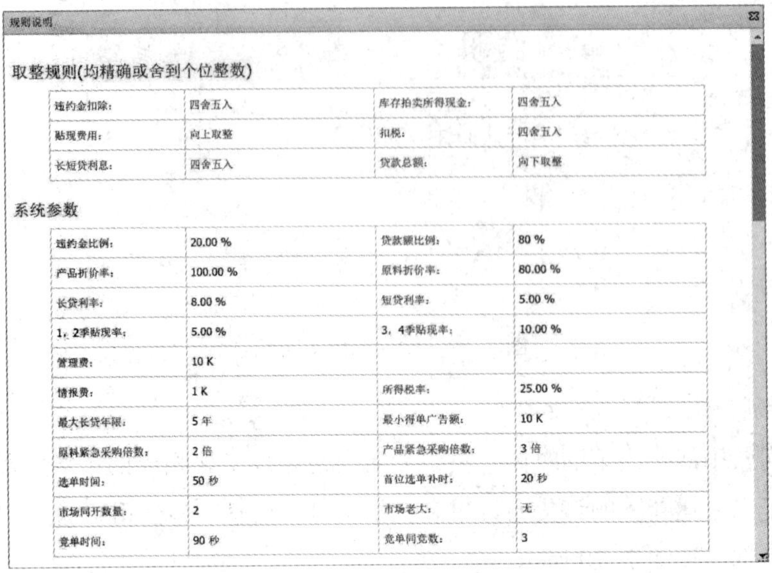

规则说明

取整规则(均精确或舍到个位整数)

违约金扣除：	四舍五入	库存拍卖所得现金：	四舍五入
贴现费用：	向上取整	扣税：	四舍五入
长短贷利息：	四舍五入	贷款总额：	向下取整

系统参数

违约金比例：	20.00 %	贷款额比例：	80 %
产品折价率：	100.00 %	原料折价率：	80.00 %
长贷利率：	8.00 %	短贷利率：	5.00 %
1，2季贴现率：	5.00 %	3，4季贴现率：	10.00 %
管理费：	10 K		
情报费：	1 K	所得税率：	25.00 %
最大长贷年限：	5 年	最小得单广告额：	10 K
原料紧急采购倍数：	2 倍	产品紧急采购倍数：	3 倍
选单时间：	50 秒	首位选单补时：	20 秒
市场同开数量：	2	市场老大：	无
竞单时间：	90 秒	竞单同竞数：	3

图 7-71　学生端规则说明

2. 操作流程

（1）当年开始。

单击“当年开始”，开始整年的操作，如图 7-72 所示，新的操作流程将开启，如图 7-73 所示。

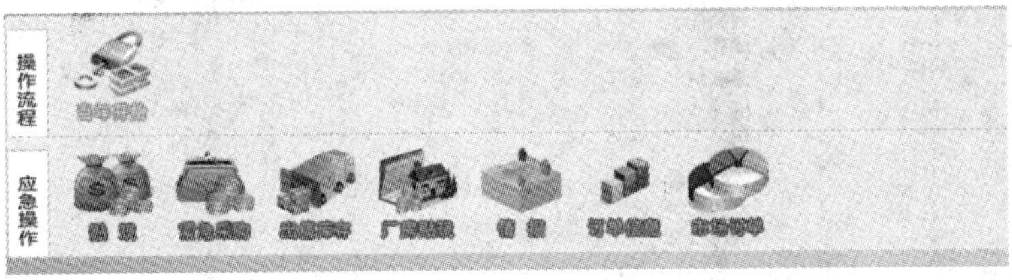

图 7-72　当年开始

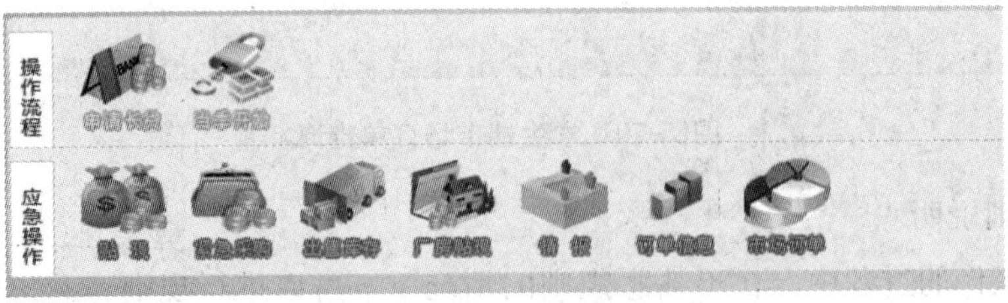

图 7-73　当年开始后操作流程

（2）申请长贷。

如需申请长期贷款，单击“申请长贷”，跳出弹窗，显示最大贷款额度，可输入所需长贷的金额以及选择长贷的年限，贷款金额必须为大于等于 10K 的整数并小于等于最大贷款额度，如图 7-74 所示。“申请长贷”操作一年只可操作一次。

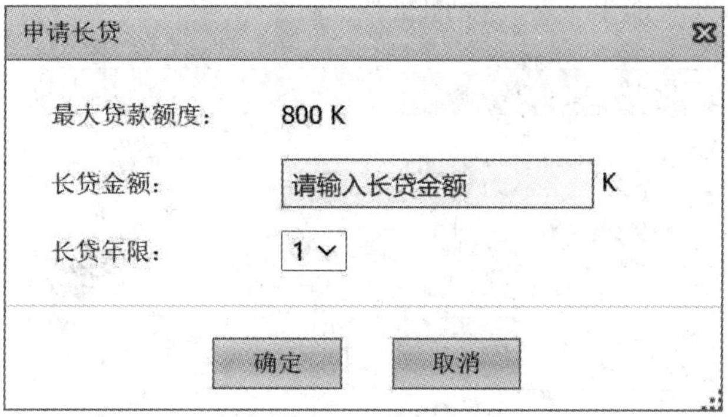

图 7-74　申请长贷

（3）当季开始。

单击“当季开始”后，正式进入第一年第一季的企业运营。在第一年后的每年的“当季开始”时，系统会根据规则自动判断是否需要偿还短期贷款本金和支付短期贷款利息，如果需要，则系统会提示需要支付的短贷本金和短贷利息，如图 7-75 所示。“当季开始”后之前的操作权限将关闭，可以开启新的操作流程，如图 7-76 所示。

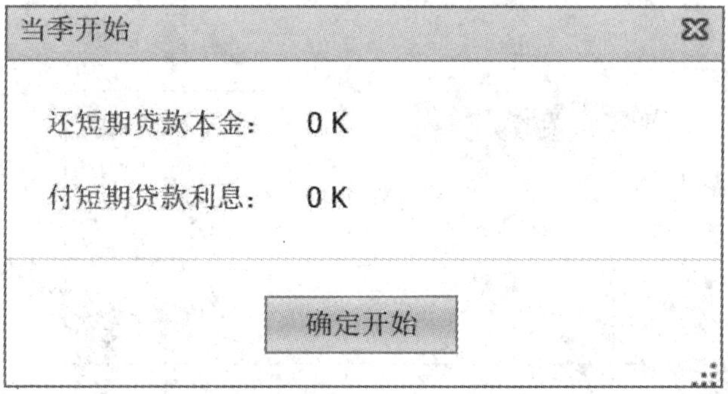

图 7-75　偿还本金支付利息（短贷）

图 7-76　当季开始后操作流程

（4）申请短贷。

如需申请短期贷款，单击“申请短贷”，跳出弹窗，显示最大贷款额度，可输入所需短贷的金额，贷款金额必须为大于等于 10K 的整数并小于等于最大贷款额度，如图 7-77 所示。每一季度只能申请一次短期贷款。

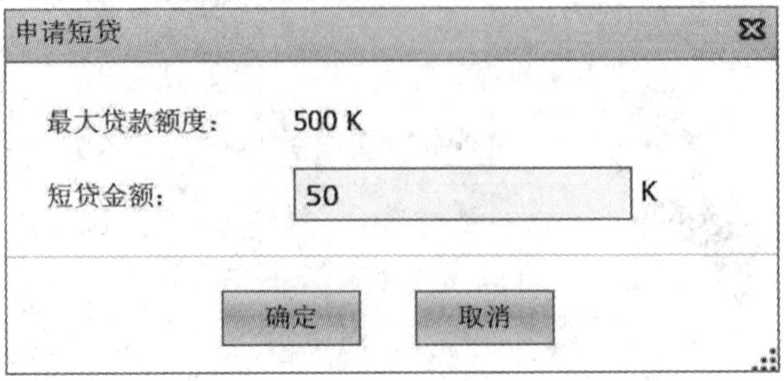

图 7-77　申请短贷

注意：

● 如果某一季度有短期贷款需要归还，且同时还拥有贷款额度时，必须先归还到期的短期贷款，才能申请新的短期贷款。

（5）更新原料库。

点击“更新原料库”，系统会根据原材料的配送情况判断是否需要支付原料费，并显示需支付的金额。原材料金额需要一次性全额支付，现金不足将无法进入下一步，如图 7-78 所示。

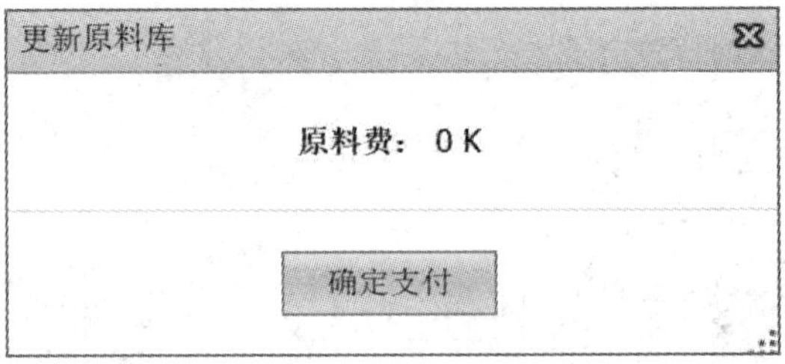

图 7-78　更新原料库

点击“确定支付”后，系统会提示“更新原料库成功”，同时可在采购库存信息中查看库存数据。点击“确定”后，之前的操作权限将关闭，可以开启新的操作流程，如图 7-79 所示。

图 7-79　更新原料后操作流程

（6）下原料订单。

公司在生产前，库存中必须有原材料，原材料通过“下原料订单”获得。每种原料的运货期不同，可根据运货期下单。单击“下原料订单”，如图 7-80 所示。

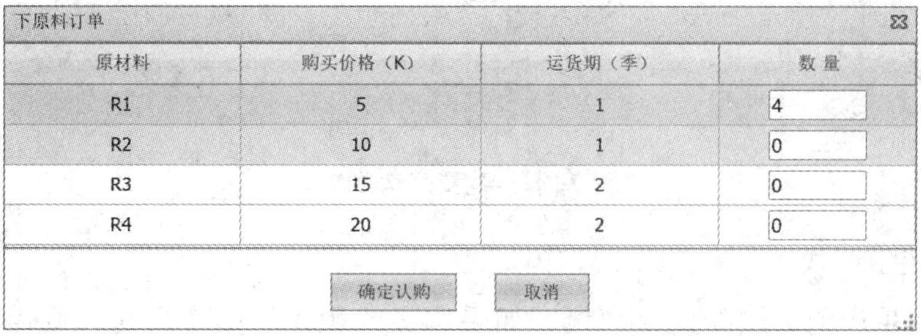

图 7-80 下原料订单

在所需原材料的后面输入数量，需为正整数，单击“确定认购”，则会提示下原料订单成功。“下原料订单”操作一季度只可操作一次，下原材料订单时不扣除现金。

（7）购置厂房。

公司在进行新建生产线之前，需要购置厂房，单击“购置厂房”，如图 7-81 所示。

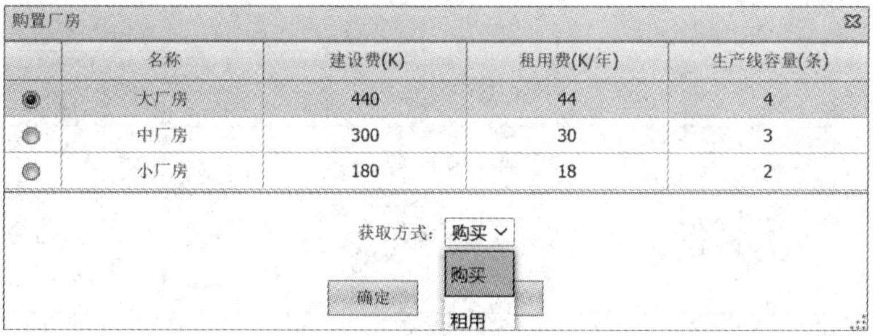

图 7-81 购置厂房

选定厂房大小以及购买方式，其中购买方式分为购买和租用，单击“确定”，系统会提示购买成功，并且在厂房位置会显示相应的厂房以及厂房的容量和购买方式，如图 7-82 所示。一次操作只能购置一个厂房，“购置厂房”操作允许操作多次，但厂房总数量不能超过 4 个。如果决定购买厂房，需要立即一次性全额支付，如果决定租用厂房，需要立即支付租金。资金不够时系统提示“公司资金不够支付”，无法购买或租用。租用的厂房如果到期没有选择“租转买”“退租”，系统自动做续租处理，租金在“当季结束”时和“行政管理费”一并扣除。

图 7-82　购置厂房成功

（8）新建生产线。

进行产品生产前必须新建生产线，如果购买或租用了多个厂房，则需在新建生产线时选择将生产线建在哪个厂房中，同时选择生产线的类型以及选择生产产品的类型，如图 7-83 所示；一次操作只能新建一条生产线，“新建生产线”操作允许操作多次，直到厂房没有容量为止，生产线一旦购置便不允许在厂房间搬动；生产产品的类型一经确定便不能更换，如需更换，须在生产线建成后，进行转产处理。

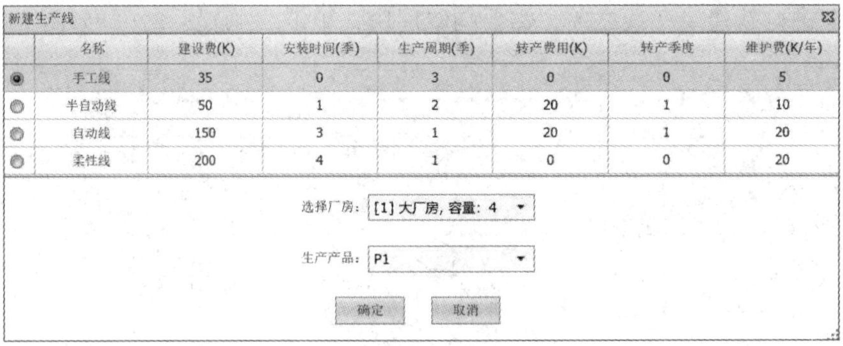

	名称	建设费(K)	安装时间(季)	生产周期(季)	转产费用(K)	转产季度	维护费(K/年)
◉	手工线	35	0	3	0	0	5
○	半自动线	50	1	2	20	1	10
○	自动线	150	3	1	20	1	20
○	柔性线	200	4	1	0	0	20

图 7-83　新建生产线

单击“确定”后，系统会提示“新建生产线成功”，手工线当季购买当季即可使用，半自动线、自动线和柔性线待最后一期投资到位后，必须到下一季度开始才算安装完成，才允许投入使用。新建生产线一经确认，即刻进入第一期在建，当季便自动扣除现金，并且在生产线位置显示相应的生产线以及生产线的状态，如图 7-84 所示。现金不够时会提示“公司资金不够支付”，无法新建生产线。未安装成功的生产线显示“安装中”，并给出安装进度，已经完成的生产线显示“空闲”，空闲的生产线可进行转产、出售、生产的操作。用户可将鼠标悬浮在某条生产线上，将有窗口给出该条生产线的详细信息，如图 7-85 所示。

图 7-84　生产线建造信息

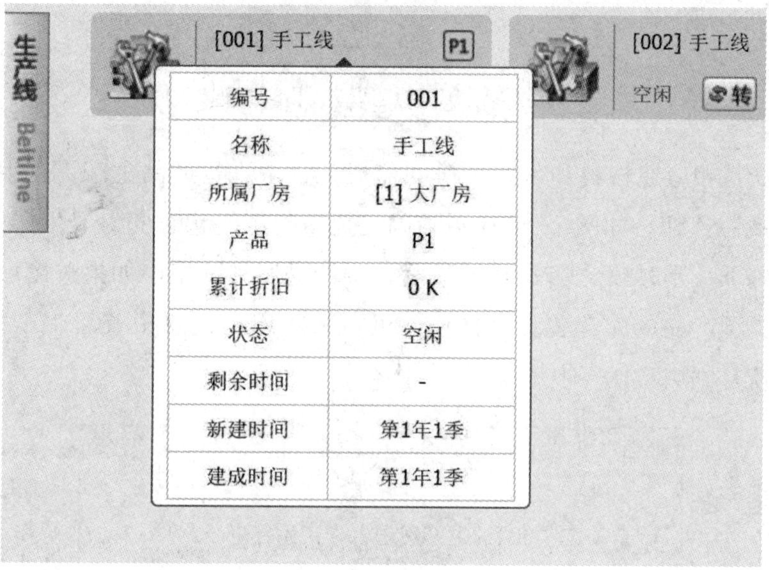

图 7-85　生产线详细信息

当想要更改生产线生产产品的类型时，在生产线空闲状态时点击“转”按钮，系统给出该生产线的转产周期及费用，用户选择需要转产的产品类型，如图 7-86 所示，点击“确定”后，将立即扣除转产费用，生产线状态变为“转产中”，直到转产周期结束。

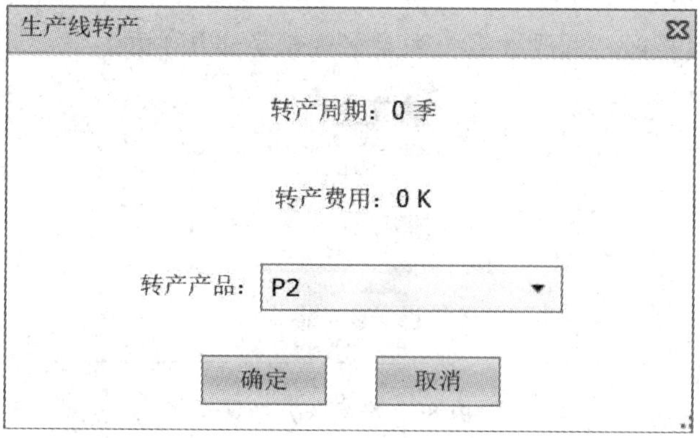

图 7-86　生产线转产

当用户不想要某条生产线时可选择出售，在生产线空闲状态时点击“售”按钮，进行确定，如图 7-87 所示。生产线出售将立即获得等同于其残值的现金，无论生产线净值多少，出售生产线时按生产线残值出售，净值与残值之差计入损失。

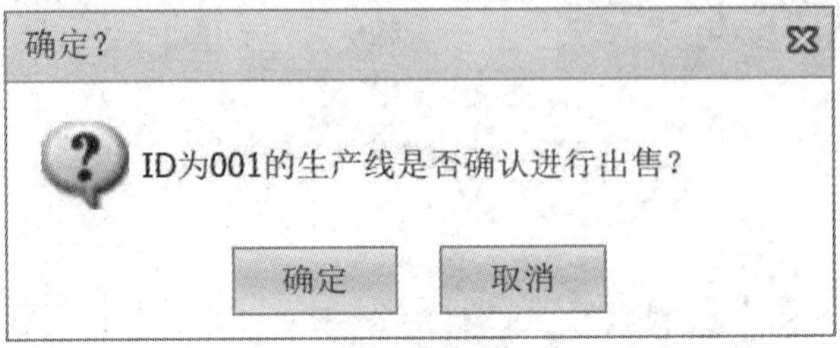

图 7-87　生产线出售

在用户获得相应原材料和生产资格的前提下，可进行产品生产，在生产线空闲状态时点击“产”按钮，如图 7-88 所示，确定之后生产线状态变为“生产中”，并给出生产进度，到下一季时按“当季开始”后，生产进度加一格。如果进度已满，代表生产完成，该类型产品的库存将自动加一，可在采购库存信息中查看生产完成的产品，生产线立即恢复到“空闲”状态。

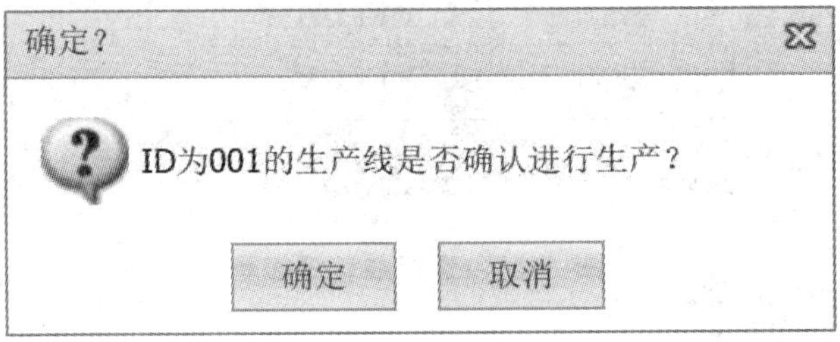

图 7-88　生产线生产

所有生产线的转产、出售、生产操作只能在每一季度的本阶段进行。

注意：

- 产品未开拓完成，生产线不能生产，如图 7-89 所示。

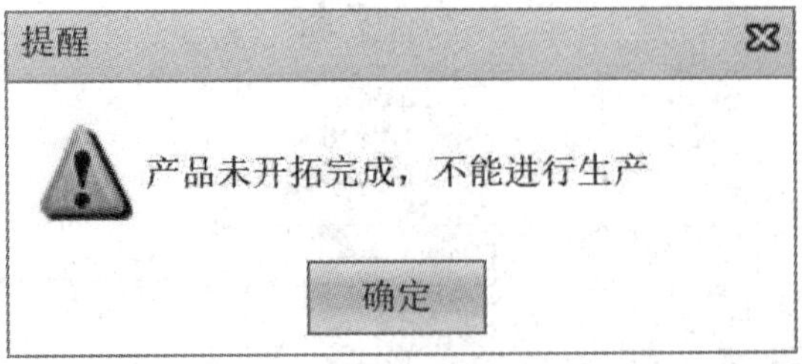

图 7-89　产品未开拓警告

（9）在建生产线。

公司从第一年第二季开始，如果有新建生产线且安装周期大于一季的，则需要对在建生产线进行再投资，点击“在建生产线”，单击复选框，选中所需要在建的生产线，如图 7-90 所示。“在建生产线”操作一季度只可操作一次。

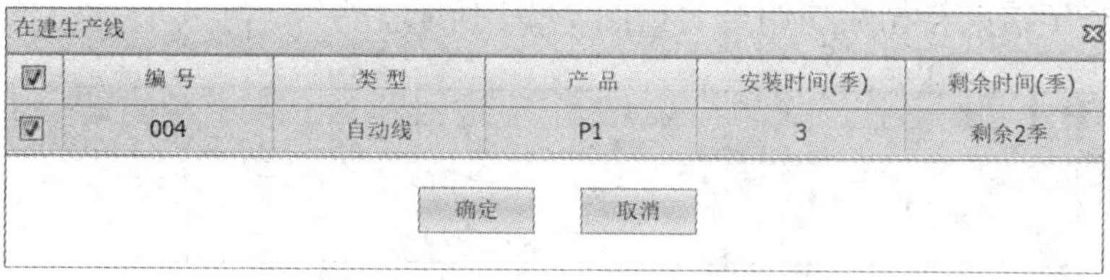

图 7-90 在建生产线

（10）应收款更新。

从第二年开始，每一年的第一季都可投放广告然后参加订货会。在订货会中选中的订单在交货之后，用户将获得订单总价的应收款，点击应收款更新后所有应收款账期减 1，当为零时，即为收现金额，如图 7-91 所示。点击“确定收款”，收现金额将自动加入用户现金。“应收款更新”后，之前的操作权限将关闭，可以开启新的操作流程，如图 7-92 所示。

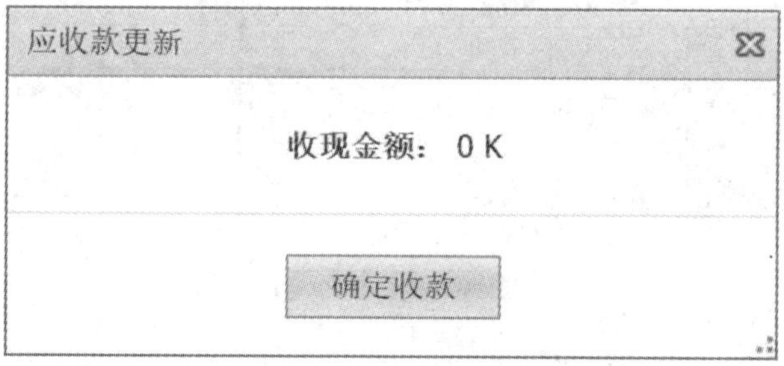

图 7-91 更新应收款

图 7-92 更新应收款后操作流程

（11）订单交货。

从第二年第一季起，当产品库存满足订货会选中订单的数量时就可以点击“确认交货”，用户将立即获得订单总价的应收款，账期为现金的，交货后金额自动加入用户现金。可以提前进行交货，但如果超过交货期，则会显示“已违约”，违约会根据相关规则处罚，当年结束会扣除违约金，如图 7-93 所示。

订单交货

编号	市场	产品	数量	总价	ISO要求	交货期	账期	操作
D2002	本地	P1	2	96K	-	3季	现金	确认交货

图 7-93　订单交货

（12）产品研发。

不同产品的投资费用、投资时间不同，因此，在进行产品生产前，必须对产品进行研发以便获得生产资格，如果产品未研发完成则不能进行生产。单击“产品研发”，如图 7-94 所示。产品研发可以中断或终止，但不允许超前或集中投入。已投资的研发费不能回收，但永久有效，即产品研发完成前每年都需要进行该操作才能继续研发。

产品研发

	产品	投资费用(K/季)	投资时间(季)	剩余时间(季)
	P1	10	2	剩余1季
	P2	10	3	剩余2季
	P3	10	4	4
	P4	11	5	5
	P5	12	6	6

确定　取消

图 7-94　产品研发

在复选框中选择需要研发的产品后，单击“确定”，系统会提示确认“是否投资选中的产品”。点击“确定”则确定对选中产品的研发，确定后系统将立即扣除所有产品一季研发费用的总和，点击“取消”则重新选中需要研发的产品。现金不够时会提示“公司资金不够支付”，无法研发产品。“产品研发”一季度只可操作一次。

（13）厂房处理。

公司可以根据情况需要对已购置的厂房进行处理，选中需要处理的厂房，根据购买方式选择合适的处理方式。点击“厂房处理”，如图 7-95 所示。

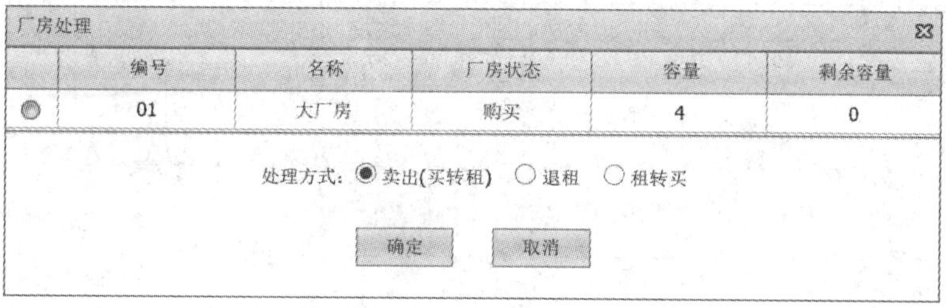

图 7-95　厂房处理

购买的厂房只可选择“卖出（买转租）”，当厂房内无生产线时，将立即获得相当于厂房买价的4个账期的应收款，厂房将消失；当厂房中有生产线时，视同厂房转租，在获得4个账期应收款的同时要扣厂房租金，厂房状态变为“租用”。租用的厂房在无生产线的情况下可选择“退租”，退租确定后厂房将消失，在有生产线时会出现提示，无法退租；租用的厂房选择“租转买”时，将立即扣除厂房买价，厂房状态变为“购买”，现金不够时会提示“公司资金不够支付”，无法购买。“厂房处理”操作每季度可操作多次。

（14）ISO 认证。

每年第四季度的该阶段，将增加两个操作：ISO 认证以及市场开拓，如图 7-96 所示。

图 7-96　第四季度操作流程

在订货会和竞拍会的时候有些订单会需要 ISO 的认证。点击“ISO 认证”，在复选框中选中需要进行的 ISO 进行认证，如图 7-97 所示。资格认证可以中断或终止，但不允许超前或集中投入。若投资中断，已投入的资金依然有效，已投资的认证费不能回收。如果资格认证没有完成，不允许选择有资格认证要求的订单。在认证完成前必须每年都进行该操作才能继续投资。

ISO认证

☐	ISO	投资费用(K/年)	投资时间(年)	剩余时间(年)
☐	9	10	2	2
☐	14	10	3	3

确定　取消

图 7-97　ISO 认证

点击“确定”，系统会提示“是否确定认证选中的 ISO”。确认后系统将直接扣除全部所选 ISO 认证的一年投资费用总和，现金不够时会提示“公司资金不够支付”，无法认证。“ISO 认证”操作每年只可操作一次。

（15）市场开拓。

根据自身的需求，公司在每年的第四季都可开拓市场，不同市场的开拓所需的时间也不同，如图 7-98 所示。市场开拓可以中断或终止，但不允许超前或集中投入。若投资中断，已投入的资金依然有效，已投资的开拓费不能回收。如果市场开拓没有完成，不允许在该市场投放广告。市场开拓完成前必须每年都进行该操作才能继续开拓。

市场开拓

☐	市 场	投资费用(K/年)	投资时间(年)	剩余时间(年)
☐	本地	10	1	1
☐	区域	10	1	1
☐	国内	10	2	2
☐	亚洲	10	3	3
☐	国际	10	4	4

确定　取消

图 7-98　市场开拓

在复选框中选中全部所需开拓的市场，点击“确定”，系统会提示“是否开拓所选中的市场”。点击“确定”则确定开拓选中的市场，系统立即扣除全部所选市场认证的一年投资费用总和，现金不够时会提示“公司资金不够支付”，无法投资。点击取消，则放弃对选中市场的开拓，可进行重新选中。“市场开拓”操作每年只可操作一次。完成开拓后的市场永久有效。

（16）当季结束。

确定一季的工作操作完成之后，单击“当季结束”，系统将提示公司确认是否要结束当季并且每一季都需支付行政管理费，如图 7-99 所示。当季结束后系统将进入下一季度操作流程。

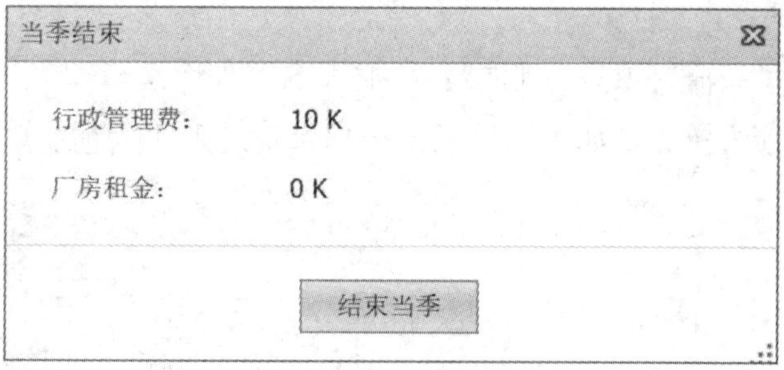

图 7-99　当季结束

（17）当年结束。

确定一年的工作操作完成之后，单击“当年结束”，系统将提示公司确认是否要结束当年并且给出需要支付的长期贷款本金、长期贷款利息、订单违约金、厂房租金、生产线维修费、行政管理费及应付所得税，如图 7-100 所示。“当年结束”后，之前的操作权限将关闭，可以开启新的操作流程，如图 7-101 所示。

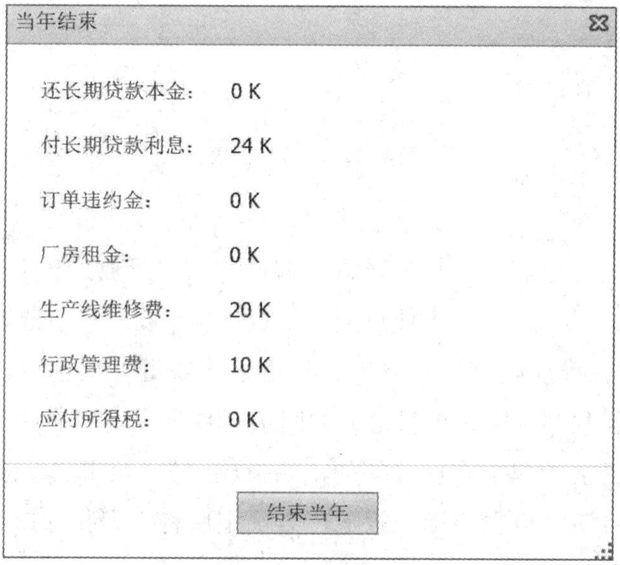

图 7-100　当年结束

图 7-101　当年结束后操作流程

（18）填写报表。

当年结束后，每组需要填写企业报表，报表内容如图 7-102 所示。所有栏目皆为必填项，所填项必须为整数，如填写错误将根据系统规则扣除企业总分值。

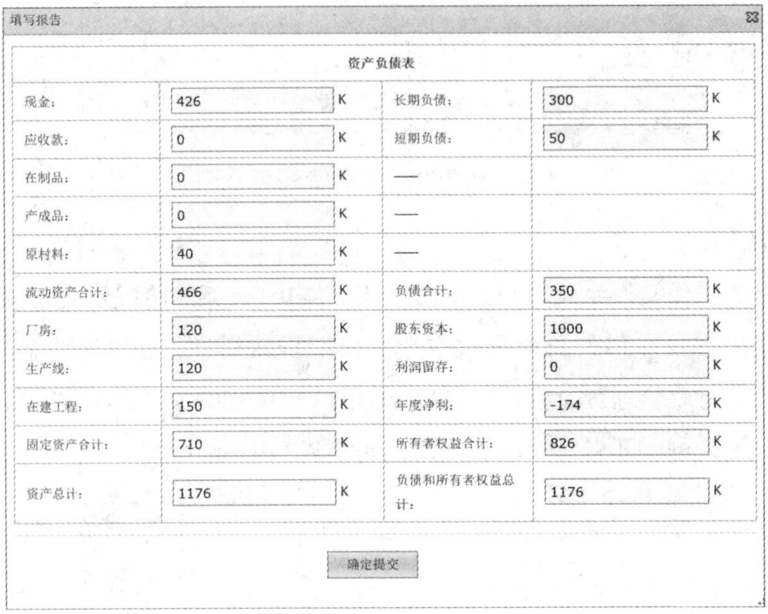
填写报告

资产负债表

现金：	426 K	长期负债：	300 K
应收款：	0 K	短期负债：	50 K
在制品：	0 K	——	
产成品：	0 K	——	
原材料：	40 K	——	
流动资产合计：	466 K	负债合计：	350 K
厂房：	120 K	股东资本：	1000 K
生产线：	120 K	利润留存：	0 K
在建工程：	150 K	年度净利：	-174 K
固定资产合计：	710 K	所有者权益合计：	826 K
资产总计：	1176 K	负债和所有者权益总计：	1176 K

确定提交

图 7-102　填写报表

（19）投放广告。

从第二年起，每一年点击“当年开始”都将增加“投放广告”和“参加订货会”的操作流程，如图 7-103 所示。企业可通过投放广告获得订货会选单的机会，从而盈利。在一个回合中，每投放 10K 广告费，理论上将获得一次选单机会，此后每增加 20K 广告费，理论上便多一次选单机会，如图 7-104 所示。只有在所有用户都进入当年才能投放广告，且企业只能在已开拓的市场投放广告，可以未获得产品资格，产品广告投放必须为大于等于 0 的整数，投放广告确定后将立即扣除广告现金。注意投放 10K 以下没有选单机会。

图 7-103　第二年开始后操作流程

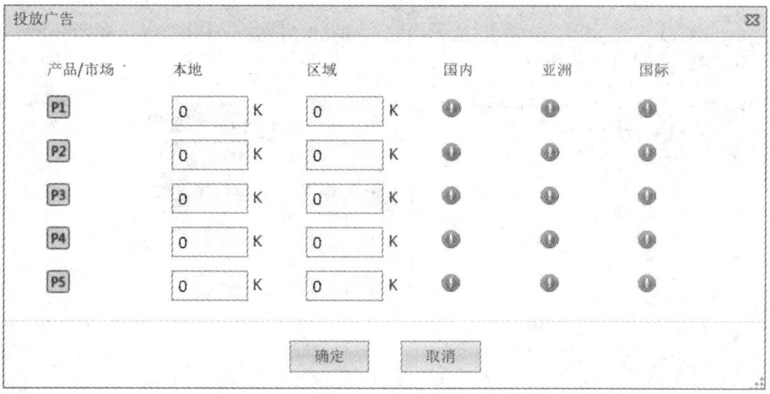

图 7-104　投放广告

（20）参加订货会。

从第二年起，所有用户都进入当年，并且只有投放广告才能参加订货会。订货会页面如图 7-105 所示。界面上方为市场标签，可点击进行切换，左侧为用户投放广告、上年本细分市场的销售额、违约情况以及可选单次数，右端为市场订单情况，包括订单编号、总价、数量、单价、交货期、账期及 ISO 要求。可以根据订单的单价、交货期和账期排序。例如点击“单价”，单价栏会出现倒三角形的符号，此时订单按单价降序排列；再次点击“单价”，倒三角形符号变为正三角形符号，此时订单按单价升序排列。按交货期和账期排序的操作类似。轮到自己选单时可看到每张订单后有“选中”两字，根据公司的情况进行选单。

选单时，两个市场同时开单，各队需要同时关注两个市场的选单进展，订货会上方也将提示市场情况。其中一个市场先结束，则第三个市场立即开单，即任何时候都会有两个市场同开，除非到最后只剩下一个市场选单未结束。如某年有本地、区域、国内、亚洲四个市场有选单，则系统将本地、区域同时放单，各市场按 P1、P2、P3、P4、P5 顺序独立放单，若本地市场选单结束，则国内市场立即开单，此时区域、国内两个市场保持同开，紧接着区域结束选单，则亚洲市场立即放单，即国内、亚洲两个市场同开。选单时各队需要点击相应的市场按钮（如“国内”），某一市场选单结束，系统不会自动跳到其他市场。

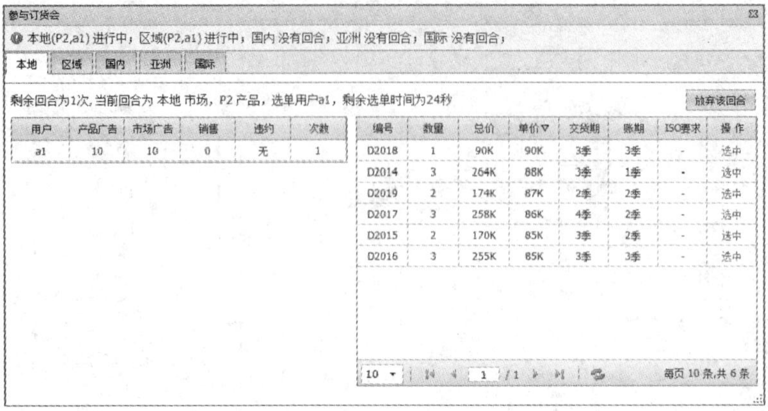

图 7-105　订货会选单

（21）竞拍会。

只有在第三年和第六年的当年开始后有竞拍会这一步骤，竞拍会的页面如图 7-106 所示，包括订单市场、订单产品、数量情况、ISO 认证要求。企业需要设置竞价，包括总金额、交货期以及账期。时间结束将直接给出中标用户情况，并扣除中标用户的标书费。如果是三张订单同时竞拍，那么资金小于 30K 时不能竞单。

图 7-106　竞拍会

3. 应急操作

（1）贴现。

公司在运营的过程中，可能会出现现金不足的情况，这时候就需要进行应收账款“贴现”，如图 7-107 所示。可填写相应账期的贴现额，贴现额需为正整数，点击“确定贴现”后企业将直接获得扣除贴现费后的现金，同时应收款变为减去贴现额后的数值。注意贴现费用采用向上取整规则。

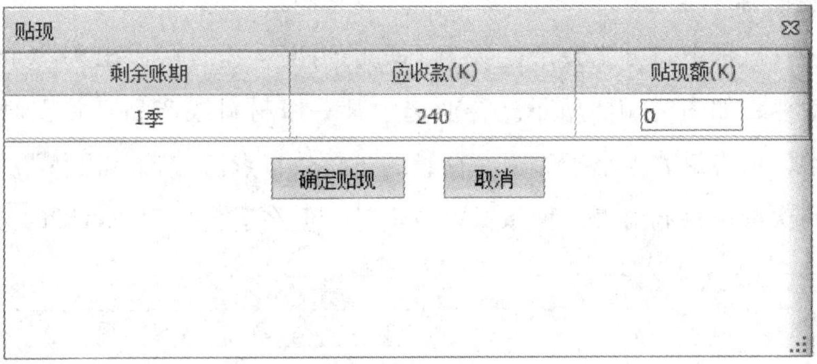

剩余账期	应收款(K)	贴现额(K)
1季	240	0

图 7-107　贴现

（2）紧急采购。

公司在运营的过程中，可能会出现公司产品库存无法满足订单或者原材料库存不足的情况，这时候可以进行“紧急采购”，如图 7-108 所示。企业选中某一原材料或产品，并在对应的表格下方填入订购量，订购量需为正整数，点击“确认认购”，系统将立即扣除现金。资金不足时会提示“公司资金不够支付”，无法购买。注意紧急采购时原材料采购价是原来的两倍价格，产品采购价是原来的三倍价格（看参数设置）。一次操作只能订购一种原材料或产品，但在运营过程中可随时多次操作。

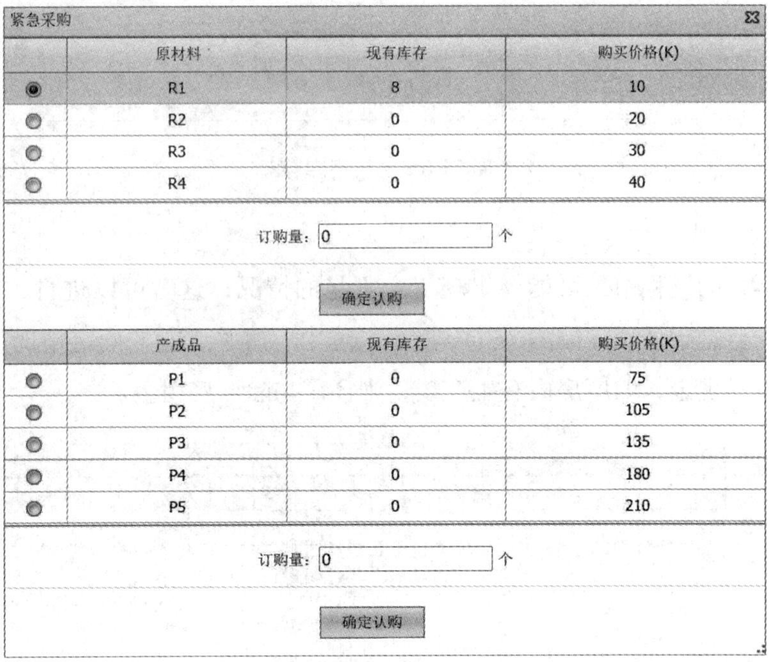

原材料	现有库存	购买价格(K)
R1	8	10
R2	0	20
R3	0	30
R4	0	40

产成品	现有库存	购买价格(K)
P1	0	75
P2	0	105
P3	0	135
P4	0	180
P5	0	210

图 7-108　紧急采购

（3）出售库存。

公司在运营过程中，可能会产生经费不足的情况，这时可以出售多余的原材料库存或者产品库存，如图 7-109 所示。企业选中某一原材料或产品，并在对应的表格下方填入出售量，出售量需为小于等于库存量的正整数，点击“确认出售”，系统将立即增加现金，一次操作只能出售一种原材料或产品，但在运营过程中可随时多次操作。

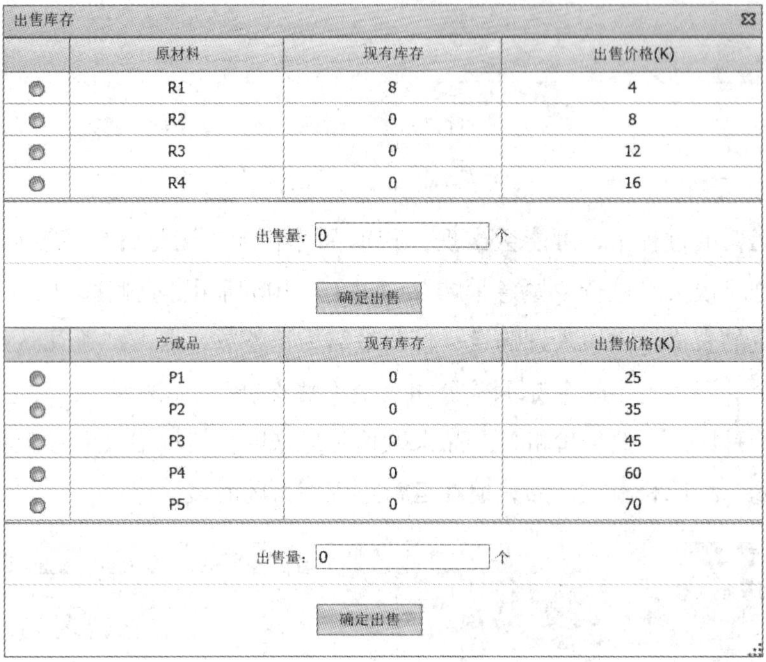

图 7-109　出售库存

（4）厂房贴现。

公司在运营的过程中，可能会出现资金不足的情况，这时可以进行“厂房贴现”，对已购买的厂房进行处理，如图 7-110 所示。选中厂房并点击“确定贴现”，将立即获得扣除贴现费的现金，如厂房内有生产线，则还需扣除厂房租金。

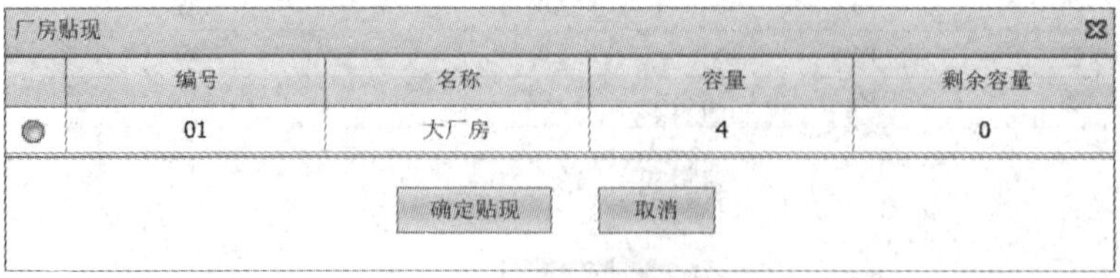

图 7-110　厂房贴现

（5）情报。

公司在经营过程中，可以免费获得自己公司的综合信息，也可以花费获得竞争公司的综合信息，如图 7-111 所示。下载资料可看到公司信息、库存信息、银行贷款、研发认证、厂房与生产线以及订单信息的具体信息。点击下载竞争公司的综合信息将立即扣除现金。每年所有用户当期结束后，可以免费下载竞争公司情报，订货会和竞拍会期间不能进行情报收集。

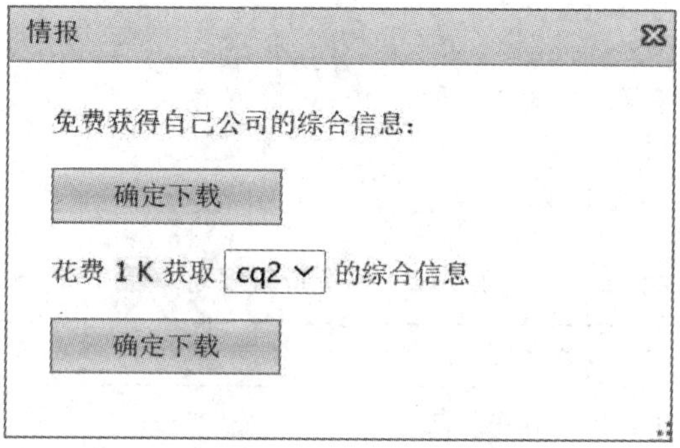

图 7-111　情报

（6）订单信息。

公司在经营过程中，通过点击“订单信息”可以查看经营过程中所有获得的订单信息，包括订单编号、市场、产品、数量、总价、状态、得单年份、ISO 要求、交货期、账期以及交货时间，如图 7-112 所示。

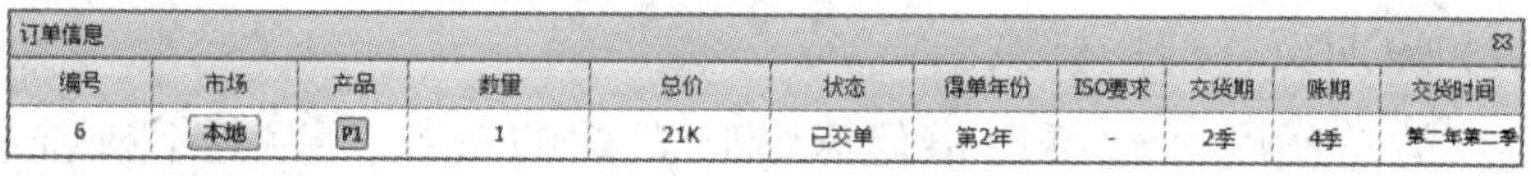
订单信息

编号	市场	产品	数量	总价	状态	得单年份	ISO要求	交货期	账期	交货时间
6	本地	P1	1	21K	已交单	第2年	-	2季	4季	第二年第二季

图 7-112　订单信息

第五节　精创电子沙盘规则

一、公司初始状态

1. 财务状态

公司初始时，拥有总经费 1 000K，其中 K 为资金单位。

2. 业务状态

市场上所需求的产品为 P 系列产品，分别为 P1、P2、P3、P4、P5 产品，如表 7-1 所示。

表 7-1 业务状态

产品属性	低端产品	中端产品	高端产品
产品	P1、P2	P3	P4、P5

二、基本规则

1. 融资

融资贷款规则如表 7-2 所示。

表 7-2 融资贷款规则

贷款类型	贷款时间	贷款额度	年利息	还款方式
长期贷款	每年年初	所有长贷和短贷之和不能超过上年权益的 80%	8%	年初付息，到期还本
短期贷款	每季度初		5%	到期一次还本付息
资金贴现	任何时间	视应收款额	10%（1 季、2 季），12.5%（3 季、4 季）	变现时贴息，可对 1 季、2 季应收联合贴现(3季、4 季同理)
库存拍卖	原材料八折，成品按成本价			

规则说明：

（1）长期和短期贷款信用额度。

长短期贷款的总额度（包括已借但未到还款期的贷款）为上年权益总计的 80%，长期贷款、短期贷款必须为大于等于 10K 的整数申请。例：第一年所有者权益为 800K，第一年已借 4 年期长贷 506K（且未申请短期贷款），则第二年可贷款总额度为 800×0.8-506=134K。

（2）贷款规则。

①长期贷款每年必须支付利息，到期归还本金。长期贷款最多可贷 5 年；

②结束年时，不要求归还没有到期的各类贷款；

③短期贷款年限为 1 年，如果某一季度有短期贷款需要归还，且同时还拥有贷款额度时，必须先归还到期的短期贷款，才能申请新的短期贷款；

④企业间不允许私自融资，只允许企业向银行贷款，银行不提供高利贷；

⑤贷款利息计算时四舍五入，如短期贷款 210K，则利息为 210×5%=10.5K，四舍五入，实际支付利息为 11K。

⑥长期贷款利息是根据长期贷款的贷款总额乘以利率计算。如第一年申请 504K 长期贷款，第二年申请 204K 长期贷款，则第三年所需要支付的长期贷款利息为 504+204×10%=70.8K，四舍五入，实际支付利息为 71K。

（3）出售库存规则。

①原材料打八折出售，如出售 1 个 R2 原材料获得 10×0.8＝8K；

②出售产成品按产品的直接成本价计算，如出售 1 个 P2 获得 1×35＝35K。

2. 厂房

厂房规则如表 7-3 所示。

表 7-3 厂房规则

厂房	买价	租金	容量
大厂房	440K	44K/年	4 条
中厂房	300K	30K/年	3 条
小厂房	180K	18K/年	2 条

规则说明：

（1）租用或购买厂房可以在任何季度进行。如果决定租用厂房或者厂房买转租，租金在开始租用的季度交付，即从现金处取等量钱币，放在租金费用处。一年租期到期时，如果决定续租，需重复以上动作。

（2）厂房租入后，一年后可做租转买、退租等处理（如第一年第 1 季度租厂房，则以后每一年的第 1 季度末“厂房处理”均可“租转买”），如果到期没有选择“租转买”，系统自动做续租处理，租金在“当季结束”时和“行政管理费”一并扣除。

（3）要新建生产线，必须购买或租用厂房，没有租用或购买厂房不能新建生产线。

（4）如果厂房中没有生产线，可以选择厂房退租。

（5）厂房出售得到价格为厂房净值的 4 个账期的应收款，紧急情况下可进行厂房贴现（4 季贴现），直接得到现金，如厂房中有生产线，同时要扣租金。

（6）厂房使用可以任意组合，但总数不能超过 4 个；如租 4 个小厂房或买 4 个大厂房或租 1 个大厂房买 3 个中厂房。

3. 生产线

生产线购买规则如表 7-4 所示。

表 7-4 生产线购买规则

生产线	可生产产品类型	购置费	安装周期	生产周期	总转产费	转产周期	厂房间移动周期	总移动费	维修费	残值
手工线	P1、P2	35K	无	2Q	0K	无	1Q	10K	5K/年	5K
半自动线	P1、P2、P3	50K	1Q	2Q	20K	1Q	1Q	10K	10K/年	10K
自动线	所有产品	150K	3Q	1Q	20K	1Q	2Q	20K	20K/年	30K
柔性线	所有产品	200K	4Q	1Q	0K	无	2Q	20K	20K/年	40K

（1）在“系统”中新建生产线，需先选择厂房，然后选择生产线的类型，特别要确定生产产品的类型；生产产品一经确定，本生产线所生产的产品便不能更换，如需更换，须在建成后，进行转产处理。

（2）每次操作可建一条生产线，同一季度可重复操作多次，直至生产线位置全部铺满。自动线和柔性线待最后一期投资到位后，必须到下一季度才算安装完成，允许投入使用。手工线当季购入当季即可使用。

（3）新建生产线一经确认，即刻进入第一期在建，当季便自动扣除现金。

（4）不论何时出售生产线，从生产线净值中取出相当于残值的部分计入现金，净值与残值之差计入损失。

（5）只有空的并且已经建成的生产线方可转产。

（6）当年建成的生产线、转产中生产线都要交维修费；凡已出售的生产线和新购正在安装的生产线不缴纳维护费。

（7）如果其他厂房有生产线容量剩余，生产线可在不同厂房间移动。

当年建成生产线当年不提折旧，当净值等于残值时生产线不再计提折旧，但可以继续使用，如表 7-5 所示。

表 7-5　生产线折旧（平均年限法）

生产线	购置费	残值	建成第 1 年	建成第 2 年	建成第 3 年	建成第 4 年	建成第 5 年
手工线	35K	5K	0	10K	10K	10K	0
半自动线	50K	10K	0	10K	10K	10K	10K
自动线	150K	30K	0	30K	30K	30K	30K
柔性线	200K	40K	0	40K	40K	40K	40K

4. 产品研发

要想生产某种产品，先要获得该产品的生产许可证。而要获得生产许可证，则必须经过产品研发。P1、P2、P3、P4、P5 产品都需要研发后才能获得生产许可。研发需要分期投入研发费用，投资规则如表 7-6 所示。

表 7-6　研发投资规则

名称	开发费用	开发总额	开发周期	加工费	直接成本	产品组成
P1	10K/季	20K	2 季	5K/个	25K/个	R1+R3
P2	10K/季	30K	3 季	5K/个	35K/个	R2+R4
P3	10K/季	40K	4 季	5K/个	45K/个	R1+R3+R4

表7-6(续)

名称	开发费用	开发总额	开发周期	加工费	直接成本	产品组成
P4	11K/季	55K	5 季	10K/个	60K/个	P1+R2+R3
P5	12K/季	72K	6 季	10K/个	70K/个	P2+R1+R4

产品研发可以中断或终止，但不允许超前或集中投入。已投资的研发费不能回收。如果开发没有完成，“系统”不允许开工生产。

5. 资格认证

资格认证规则如表 7-7 所示。

表 7-7 资格认证规则

认证类型	每年研发费用	年限	全部研发费用
ISO9000	10K/年	2 年	20K
ISO14000	10K/年	3 年	30K

资格认证无须交维护费，若中途停止使用，也可继续拥有资格并在以后年份使用。

6. 市场开拓

只有在第 4 季度才可以进行市场开拓操作；完成开拓后的市场永久有效；投资中断已投入的资金依然有效。市场开拓规则如表 7-8 所示。

表 7-8 市场开拓规则

市场	每年开拓费	开拓年限	全部开拓费用
本地	10K/年	1 年	10K
区域	10K/年	1 年	10K
国内	10K/年	2 年	20K
亚洲	10K/年	3 年	30K
国际	10K/年	4 年	40K

7. 原料

购买原料规则如表 7-9 所示。

表 7-9 购买原料规则

名称	购买价格	提前期
R1	5K/个	1 季
R2	10K/个	1 季

表7-9(续)

名称	购买价格	提前期
R3	15K/个	2 季
R4	20K/个	2 季

注意：

● 没有下订单的原材料不能采购入库。

● 所有预订的原材料到期必须全额现金购买。

● 紧急采购时，原料是直接成本的 2 倍，在利润表中，直接成本仍然按照标准成本记录，紧急采购多付出的成本计入综合费用表中的“损失”。

8. 选单规则

在一个回合中，每投放 10K 广告费理论上将获得一次选单机会，此后每增加 20K 理论上多一次选单机会。如本地 P1 投入 30K，表示最多有 2 次选单机会，但是能否选到 2 次取决于市场需求及竞争态势。如果投入小于的 10K 广告则无选单机会，但仍扣广告费，对计算市场广告额有效。广告投放可以是非 10 的倍数，如 11K、12K，且投 12K 比投 11K 或 10K 优先选单。

投放广告后，进入订货会进行选单。

选单时首先以当年本市场本产品广告额投放大小顺序依次选单；如果两队本市场本产品广告额相同，则看本市场广告投放总额；如果本市场广告总额也相同，则看上年本市场销售排名；如仍无法决定，先投广告者先选单。第一年无订单。

注意：

● 在某细分市场（如本地 P1）有多次选单机会，只要放弃一次，则视同放弃该细分市场所有选单机会。

● 如果某公司在上一年某个市场的销售总额最高且没有违约记录，则该公司在该市场属于本年的市场老大，市场老大有优先选择订单的权利。

9. 竞单会（在第三年和第六年订货会后，召开竞单会。系统一次同时放 3 张订单同时竞单，具体竞拍订单的信息将和市场预测图一起下发）

参与竞标的订单标明了订单编号、市场、产品、数量、ISO 要求等，而总价、交货期、账期三项为空。竞标订单的相关要求说明如下：

（1）投标资质。

参与投标的公司需要有相应市场、ISO 认证的资质，但不必有生产资格。

中标的公司需为该单支付 10K 标书费，计入广告费。

（如果已竞得单数+本次同时竞单数）× 10 >现金余额，则不能再竞，即必须有一定现金库存作为保证金。如同时竞 3 张订单，库存现金为 54K，已经竞得 3 张订单，扣除了 30K 标书费，还剩余 24K 库存现金，则不能继续参与竞单，因为万一再竞得 3 张，24K 库存现金不足以支付标书费 30K。

为防止恶意竞单，对竞得单张数进行限制，如果某队已竞得单张数>ROUND（3×该年竞单总张数/参赛队数），则该队不能继续竞单。

注意：

- ROUND 表示四舍五入。
- 如上式为等于，可以继续参与竞单。
- 参赛队数指经营中的队伍，破产退出经营则不算其内。

如某年共有 40 张竞单，20 队参与竞单，当一队已经得到 7 张单时，因为 7>ROUND（3×40/20），所以该队不能继续竞单；但如果已经竞得 6 张，则可以继续参与。

（2）投标。

参与投标的公司须根据所投标的订单，在系统规定的时间内（90 秒，以倒计时秒形式显示）填写总价、交货期、账期三项内容，确认后由系统按照 100+（5−交货期）×2+应收账期−8×总价/（该产品直接成本×数量）计算得分，以得分最高者中标。如果计算分数相同，则先提交者中标。

注意：

- 总价不能低于（可以等于）成本价，也不能高于（可以等于）成本价的 3 倍。
- 必须为竞单留足时间，如在倒计时小于等于 5 秒时再提交，可能无效。
- 竞得订单与选中订单一样，算市场销售额。

10. 订单违约

订单必须在规定季或提前交货，应收账期从交货季开始算起。应收款收回系统自动完成，不需要各队填写收回金额。

11. 取整规则（均精确或舍到个位整数）

违约金扣除——四舍五入；

库存拍卖所得现金——四舍五入；

贴现费用——向上取整；

扣税——四舍五入；

长短贷利息——四舍五入。

12. 关于违约问题

所有订单要求在本年度内完成（按订单上的产品数量和交货期交货）。如果订单没有完成，则视为违约订单，按下列条款加以处罚：

（1）分别按违约订单销售总额的 20%（四舍五入）计算违约金，并在当年第 4 季度结束后扣除，违约金记入“损失”。例如某组违约了两张订单（见图 7-113），则缴纳的违约金分别为 146×20% = 29.2K ≈ 29K，162×20% = 32.4K ≈ 32K，合计为 29+32=61K。

订单编号	市场	产品	数量	总价	状态	得单年份	交货期	账期	ISO	交货期
180016	自本地	P2	2	146 W	违约	第2年	3季	0季	-	-
180011	自本地	P1	1	60 W	已交单	第2年	2季	1季	-	第2年1季
180006	自本地	P1	3	162 W	违约	第2年	3季	2季	-	-

图 7-113　违约订单

（2）违约订单一律收回。

13. 重要参数

重要参数如图 7-114 所示。

违约金比例	20	%	贷款额倍数	3	倍
产品折价率	100	%	原料折价率	80	%
长贷利率	10	%	短贷利率	5	%
1，2期贴现率	10	%	3，4期贴现率	12.5	%
初始现金	650	W	管理费	10	W
信息费	1	W	所得税率	25	%
最大长贷年限	4	年	最小得单广告额	10	W
原料紧急采购倍数	2	倍	产品紧急采购倍数	3	倍
选单时间	50	秒	首位选单补时	20	秒
市场同开数量	2		市场老大	○有 ◉无	
竞单时间	90	秒	竞单同竞数	3	

图 7-114　重要参数

注意：

● 每市场每产品选单时第一个队选单时间为 70 秒，自第二个队起，选单时间设为 50 秒。

● 信息费 1K/次/队，即交 1K 可以查看一队企业信息，交费企业以 EXCEL 表格形式获得被间谍企业详细信息（可看到的信息框架结构如附件 EXCEL 表所示）。竞单会时无法使用间谍。

14. 竞赛排名

6 年经营结束后，将根据各队的总成绩进行排名，分数高者排名在前。计分方式为总成绩=所有者权益×（1+企业综合发展潜力/100）-罚分。企业综合发展潜力如表 7-10 所示。

表 7-10 企业综合发展潜力表

项目	综合发展潜力系数
半自动线	+5/条
自动线	+8/条
柔性线	+10/条
本地市场开发	+5
区域市场开发	+5
国内市场开发	+8
亚洲市场开发	+10
国际市场开发	+10
ISO9000	+10
ISO14000	+15
P1 产品开发	+5
P2 产品开发	+8
P3 产品开发	+10
P4 产品开发	+15
P5 产品开发	+15
大厂房	+10
中厂房	+8
小厂房	+5

注意：

● 如有若干队分数相同，则参照各队第六年经营结束后的最终权益，权益高者排名在前：若权益仍相等，则参照第六年经营结束时间，先结束第六年经营的队伍排名在前。

● 生产线建成即加分（第六年年末缴纳维修费的生产线才算建成），无须生产出产品，也无须有在制品。超级手工线、租赁线无加分。

15. 破产处理

当权益为负（指当年结束系统生成资产负债表时为负）或现金断流时（权益和现金可以为零），企业破产。

参考文献

[1] 何晓岚. ERP 沙盘模拟实用教程 [M]. 2 版. 北京: 北京航空航天大学出版社, 2010.

[2] 王新玲, 郑文昭, 马雪文. ERP 沙盘模拟高级指导教程 [M]. 2 版. 北京: 清华大学出版社, 2009.

[3] 汤华东, 贾立英, 王焕毅. ERP 沙盘模拟简明教程 [M]. 北京: 电子工业出版社, 2013.

[4] 樊晓琪. ERP 沙盘实训教程及比赛全攻略 [M]. 上海: 立信会计出版社, 2009.

[5] 徐淑新, 孙海涛. ERP 沙盘模拟实训教程 [M]. 哈尔滨: 哈尔滨工业大学出版社, 2012.

[6] 夏远强. 企业管理 ERP 沙盘模拟教程 [M]. 北京: 电子工业出版社, 2007.

附　录

附录A　企业经营过程记录表

起始年

企业经营流程 请按顺序执行下列各项操作。	每执行完一项操作，CEO请在相应的方格内打“√”。 财务总监（助理）在方格中填写现金收支情况。			
年度规划会议				
参加订货会/登记销售订单				
制订年度计划				
支付应付税费				
季初现金盘点（请填余额）				
更新短期贷款/还本付息/申请短期贷款（高利贷）				
更新应付款/归还应付款				
原材料入库/更新原料订单				
下原料订单				
更新生产/完工入库				
投资新生产线/变卖生产线/生产线转产				
向其他企业购买原材料/出售原材料				
开始下一批生产				

起始年(续)

更新应收款/应收款收现				
出售厂房				
向其他企业购买成品/出售成品				
按订单交货				
产品研发投资				
支付行政管理费				
其他现金收支情况登记				
支付利息/更新长期贷款/申请长期贷款				
支付设备维护费				
支付租金/购买厂房				
计提折旧				( )
新市场开拓/ISO 资格认证投资				
结账				
现金收入合计				
现金支出合计				
期末现金对账（请填余额）				

订单登记表

订单号											合计
市场											
产品											
数量											
账期											
销售额											
成本											
毛利											
未售											

产品核算统计表

	P1	P2	P3	P4	合计
数量					
销售额					
成本					
毛利					

综合管理费用明细表

单位：百万元

项　目	金　额	备　注
管理费		
广告费		
保养费		
租　金		
转产费		
市场准入开拓		□区域　□国内　□亚洲　□全球
ISO 资格认证		□ISO9000　□ISO14000
产品研发		P2（　）　P3（　）　P4（　）
其　他		
合　计		

利润表

项　　目	上 年 数	本 年 数
销售收入	35	
直接成本	12	
毛利	23	
综合费用	11	
折旧前利润	12	
折旧	4	
支付利息前利润	8	
财务收入/支出	4	
其他收入/支出		
税前利润	4	
所得税	1	
净利润	3	

资产负债表

资　　产	期初数	期末数	负债和所有者权益	期初数	期末数
流动资产：			负债：		
库存现金	20		长期负债	40	
应收账款	15		短期负债		
在制品	8		应付账款		
产成品	6		应交税费	1	
原材料	3		一年内到期的长期负债		
流动资产合计	52		负债合计	41	
固定资产：			所有者权益：		
土地和建筑	40		股东资本	50	
机器与设备	13		利润留存	11	
在建工程			年度净利	3	
固定资产合计	53		所有者权益合计	64	
资产总计：	105		负债和所有者权益总计：	105	

第 一 年

企业经营流程 请按顺序执行下列各项操作。	每执行完一项操作，CEO 请在相应的方格内打“√”。 财务总监（助理）在方格中填写现金收支情况。			
年度规划会议				
参加订货会/登记销售订单				
制订年度计划				
支付应付税				
季初现金盘点（请填余额）				
更新短期贷款/还本付息/申请短期贷款（高利贷）				
更新应付款/归还应付款				
原材料入库/更新原料订单				
下原料订单				
更新生产/完工入库				
投资新生产线/变卖生产线/生产线转产				
向其他企业购买原材料/出售原材料				
开始下一批生产				
更新应收款/应收款收现				
出售厂房				
向其他企业购买成品/出售成品				
按订单交货				
产品研发投资				
支付行政管理费				
其他现金收支情况登记				
支付利息/更新长期贷款/申请长期贷款				
支付设备维护费				
支付租金/购买厂房				
计提折旧				（ ）
新市场开拓/ISO 资格认证投资				
结账				
现金收入合计				
现金支出合计				
期末现金对账（请填余额）				

现金预算表

	1	2	3	4
期初库存现金				
支付上年应交税				
市场广告投入				
贴现费用				
利息（短期贷款）				
支付到期短期贷款				
原料采购支付现金				
转产费用				
生产线投资				
工人工资				
产品研发投资				
收到现金前的所有支出				
应收款到期				
支付管理费用				
利息（长期贷款）				
支付到期长期贷款				
设备维护费用				
租金				
购买新建筑				
市场开拓投资				
ISO 认证投资				
其他				
库存现金余额				

要点记录

第一季度：

第二季度：

第三季度：

第四季度：

年底小结：

订单登记表

订单号											合计
市场											
产品											
数量											
账期											
销售额											
成本											
毛利											
未售											

产品核算统计表

	P1	P2	P3	P4	合计
数量					
销售额					
成本					
毛利					

综合管理费用明细表　　单位：百万元

项　目	金　额	备　　注
管理费		
广告费		
保养费		
租　金		
转产费		
市场准入开拓		□区域　□国内　□亚洲　□全球
ISO 资格认证		□ISO9000　□ISO14000
产品研发		P2（　）　P3（　）　P4（　）
其　他		
合　计		

利润表

项　　目	上 年 数	本 年 数
销售收入		
直接成本		
毛利		
综合费用		
折旧前利润		
折旧		
支付利息前利润		
财务收入/支出		
其他收入/支出		
税前利润		
所得税		
净利润		

资产负债表

资　　产	期初数	期末数	负债和所有者权益	期初数	期末数
流动资产：			负债：		
库存现金			长期负债		
应收账款			短期负债		
在制品			应付账款		
产成品			应交税费		
原材料			一年内到期的长期负债		
流动资产合计			负债合计		
固定资产：			所有者权益：		
土地和建筑			股东资本		
机器与设备			利润留存		
在建工程			年度净利		
固定资产合计			所有者权益合计		
资产总计：			负债和所有者权益总计：		

第二年

企业经营流程 请按顺序执行下列各项操作。	每执行完一项操作，CEO 请在相应的方格内打“√”。 财务总监（助理）在方格中填写现金收支情况。			
年度规划会议				
参加订货会/登记销售订单				
制订年度计划				
支付应付税				
季初现金盘点（请填余额）				
更新短期贷款/还本付息/申请短期贷款（高利贷）				
更新应付款/归还应付款				
原材料入库/更新原料订单				
下原料订单				
更新生产/完工入库				
投资新生产线/变卖生产线/生产线转产				
向其他企业购买原材料/出售原材料				
开始下一批生产				
更新应收款/应收款收现				
出售厂房				
向其他企业购买成品/出售成品				
按订单交货				
产品研发投资				
支付行政管理费				
其他现金收支情况登记				
支付利息/更新长期贷款/申请长期贷款				
支付设备维护费				
支付租金/购买厂房				
计提折旧				（ ）
新市场开拓/ISO 资格认证投资				
结账				
现金收入合计				
现金支出合计				
期末现金对账（请填余额）				

现金预算表

	1	2	3	4
期初库存现金				
支付上年应交税				
市场广告投入				
贴现费用				
利息（短期贷款）				
支付到期短期贷款				
原料采购支付现金				
转产费用				
生产线投资				
工人工资				
产品研发投资				
收到现金前的所有支出				
应收款到期				
支付管理费用				
利息（长期贷款）				
支付到期长期贷款				
设备维护费用				
租金				
购买新建筑				
市场开拓投资				
ISO 认证投资				
其他				
库存现金余额				

要点记录

第一季度：____________________________

第二季度：____________________________

第三季度：____________________________

第四季度：____________________________

年底小结：____________________________

订单登记表

订单号											合计
市场											
产品											
数量											
账期											
销售额											
成本											
毛利											
未售											

产品核算统计表

	P1	P2	P3	P4	合计
数量					
销售额					
成本					
毛利					

综合管理费用明细表

单位：百万元

项　目	金　额	备　　注
管理费		
广告费		
保养费		
租　金		
转产费		
市场准入开拓		□区域　□国内　□亚洲　□全球
ISO 资格认证		□ISO9000　□ISO14000
产品研发		P2（　）　P3（　）　P4（　）
其　他		
合　计		

利润表

项　　目	上 年 数	本 年 数
销售收入		
直接成本		
毛利		
综合费用		
折旧前利润		
折旧		
支付利息前利润		
财务收入/支出		
其他收入/支出		
税前利润		
所得税		
净利润		

资产负债表

资　　产	期初数	期末数	负债和所有者权益	期初数	期末数
流动资产：			负债：		
库存现金			长期负债		
应收账款			短期负债		
在制品			应付账款		
产成品			应交税费		
原材料			一年内到期的长期负债		
流动资产合计			负债合计		
固定资产：			所有者权益：		
土地和建筑			股东资本		
机器与设备			利润留存		
在建工程			年度净利		
固定资产合计			所有者权益合计		
资产总计：			负债和所有者权益总计：		

第 三 年

企业经营流程 请按顺序执行下列各项操作。	每执行完一项操作，CEO 请在相应的方格内打“√”。 财务总监（助理）在方格中填写现金收支情况。			
年度规划会议				
参加订货会/登记销售订单				
制订年度计划				
支付应付税				
季初现金盘点（请填余额）				
更新短期贷款/还本付息/申请短期贷款（高利贷）				
更新应付款/归还应付款				
原材料入库/更新原料订单				
下原料订单				
更新生产/完工入库				
投资新生产线/变卖生产线/生产线转产				
向其他企业购买原材料/出售原材料				
开始下一批生产				
更新应收款/应收款收现				
出售厂房				
向其他企业购买成品/出售成品				
按订单交货				
产品研发投资				
支付行政管理费				
其他现金收支情况登记				
支付利息/更新长期贷款/申请长期贷款				
支付设备维护费				
支付租金/购买厂房				
计提折旧				（ ）
新市场开拓/ISO 资格认证投资				
结账				
现金收入合计				
现金支出合计				
期末现金对账（请填余额）				

现金预算表

	1	2	3	4
期初库存现金				
支付上年应交税				
市场广告投入				
贴现费用				
利息（短期贷款）				
支付到期短期贷款				
原料采购支付现金				
转产费用				
生产线投资				
工人工资				
产品研发投资				
收到现金前的所有支出				
应收款到期				
支付管理费用				
利息（长期贷款）				
支付到期长期贷款				
设备维护费用				
租金				
购买新建筑				
市场开拓投资				
ISO 认证投资				
其他				
库存现金余额				

要点记录

第一季度：________________________________

第二季度：________________________________

第三季度：________________________________

第四季度：________________________________

年底小结：________________________________

____

订单登记表

订单号										合计
市场										
产品										
数量										
账期										
销售额										
成本										
毛利										
未售										

产品核算统计表

	P1	P2	P3	P4	合计
数量					
销售额					
成本					
毛利					

综合管理费用明细表　　单位：百万元

项　目	金　额	备　　注
管理费		
广告费		
保养费		
租　金		
转产费		
市场准入开拓		□区域　□国内　□亚洲　□全球
ISO 资格认证		□ISO9000　□ISO14000
产品研发		P2（　）　P3（　）　P4（　）
其　他		
合　计		

利润表

项　　目	上 年 数	本 年 数
销售收入		
直接成本		
毛利		
综合费用		
折旧前利润		
折旧		
支付利息前利润		
财务收入/支出		
其他收入/支出		
税前利润		
所得税		
净利润		

资产负债表

资　　产	期初数	期末数	负债和所有者权益	期初数	期末数
流动资产：			负债：		
库存现金			长期负债		
应收账款			短期负债		
在制品			应付账款		
产成品			应交税费		
原材料			一年内到期的长期负债		
流动资产合计			负债合计		
固定资产：			所有者权益：		
土地和建筑			股东资本		
机器与设备			利润留存		
在建工程			年度净利		
固定资产合计			所有者权益合计		
资产总计：			负债和所有者权益总计：		

第四年

企业经营流程 请按顺序执行下列各项操作。	每执行完一项操作，CEO 请在相应的方格内打“√”。 财务总监（助理）在方格中填写现金收支情况。			
年度规划会议				
参加订货会/登记销售订单				
制订年度计划				
支付应付税				
季初现金盘点（请填余额）				
更新短期贷款/还本付息/申请短期贷款（高利贷）				
更新应付款/归还应付款				
原材料入库/更新原料订单				
下原料订单				
更新生产/完工入库				
投资新生产线/变卖生产线/生产线转产				
向其他企业购买原材料/出售原材料				
开始下一批生产				
更新应收款/应收款收现				
出售厂房				
向其他企业购买成品/出售成品				
按订单交货				
产品研发投资				
支付行政管理费				
其他现金收支情况登记				
支付利息/更新长期贷款/申请长期贷款				
支付设备维护费				
支付租金/购买厂房				
计提折旧				（ ）
新市场开拓/ISO 资格认证投资				
结账				
现金收入合计				
现金支出合计				
期末现金对账（请填余额）				

现金预算表

	1	2	3	4
期初库存现金				
支付上年应交税				
市场广告投入				
贴现费用				
利息（短期贷款）				
支付到期短期贷款				
原料采购支付现金				
转产费用				
生产线投资				
工人工资				
产品研发投资				
收到现金前的所有支出				
应收款到期				
支付管理费用				
利息（长期贷款）				
支付到期长期贷款				
设备维护费用				
租金				
购买新建筑				
市场开拓投资				
ISO 认证投资				
其他				
库存现金余额				

要点记录

第一季度：________________

第二季度：________________

第三季度：________________

第四季度：________________

年底小结：________________

____

订单登记表

订单号											合计
市场											
产品											
数量											
账期											
销售额											
成本											
毛利											
未售											

产品核算统计表

	P1	P2	P3	P4	合计
数量					
销售额					
成本					
毛利					

综合管理费用明细表

单位：百万元

项　目	金　额	备　　注
管理费		
广告费		
保养费		
租　金		
转产费		
市场准入开拓		□区域　□国内　□亚洲　□全球
ISO 资格认证		□ISO9000　□ISO14000
产品研发		P2（　）　P3（　）　P4（　）
其　他		
合　计		

利润表

项　　目	上 年 数	本 年 数
销售收入		
直接成本		
毛利		
综合费用		
折旧前利润		
折旧		
支付利息前利润		
财务收入/支出		
其他收入/支出		
税前利润		
所得税		
净利润		

资产负债表

资　　产	期初数	期末数	负债和所有者权益	期初数	期末数
流动资产：			负债：		
库存现金			长期负债		
应收账款			短期负债		
在制品			应付账款		
产成品			应交税费		
原材料			一年内到期的长期负债		
流动资产合计			负债合计		
固定资产：			所有者权益：		
土地和建筑			股东资本		
机器与设备			利润留存		
在建工程			年度净利		
固定资产合计			所有者权益合计		
资产总计：			负债和所有者权益总计：		

第五年

企业经营流程 请按顺序执行下列各项操作。	每执行完一项操作，CEO 请在相应的方格内打“√”。 财务总监（助理）在方格中填写现金收支情况。			
年度规划会议				
参加订货会/登记销售订单				
制订年度计划				
支付应付税				
季初现金盘点（请填余额）				
更新短期贷款/还本付息/申请短期贷款（高利贷）				
更新应付款/归还应付款				
原材料入库/更新原料订单				
下原料订单				
更新生产/完工入库				
投资新生产线/变卖生产线/生产线转产				
向其他企业购买原材料/出售原材料				
开始下一批生产				
更新应收款/应收款收现				
出售厂房				
向其他企业购买成品/出售成品				
按订单交货				
产品研发投资				
支付行政管理费				
其他现金收支情况登记				
支付利息/更新长期贷款/申请长期贷款				
支付设备维护费				
支付租金/购买厂房				
计提折旧				（ ）
新市场开拓/ISO 资格认证投资				
结账				
现金收入合计				
现金支出合计				
期末现金对账（请填余额）				

现金预算表

	1	2	3	4
期初库存现金				
支付上年应交税				
市场广告投入				
贴现费用				
利息（短期贷款）				
支付到期短期贷款				
原料采购支付现金				
转产费用				
生产线投资				
工人工资				
产品研发投资				
收到现金前的所有支出				
应收款到期				
支付管理费用				
利息（长期贷款）				
支付到期长期贷款				
设备维护费用				
租金				
购买新建筑				
市场开拓投资				
ISO 认证投资				
其他				
库存现金余额				

要点记录

第一季度：________________________________

第二季度：________________________________

第三季度：________________________________

第四季度：________________________________

年底小结：________________________________

____

订单登记表

订单号											合计
市场											
产品											
数量											
账期											
销售额											
成本											
毛利											
未售											

产品核算统计表

	P1	P2	P3	P4	合计
数量					
销售额					
成本					
毛利					

综合管理费用明细表

单位：百万元

项　目	金　额	备　　注
管理费		
广告费		
保养费		
租　金		
转产费		
市场准入开拓		□区域　□国内　□亚洲　□全球
ISO 资格认证		□ISO9000　□ISO14000
产品研发		P2（　）　P3（　）　P4（　）
其　他		
合　计		

利润表

项　　目	上 年 数	本 年 数
销售收入		
直接成本		
毛利		
综合费用		
折旧前利润		
折旧		
支付利息前利润		
财务收入/支出		
其他收入/支出		
税前利润		
所得税		
净利润		

资产负债表

资　　产	期初数	期末数	负债和所有者权益	期初数	期末数
流动资产：			负债：		
库存现金			长期负债		
应收账款			短期负债		
在制品			应付账款		
产成品			应交税费		
原材料			一年内到期的长期负债		
流动资产合计			负债合计		
固定资产：			所有者权益：		
土地和建筑			股东资本		
机器与设备			利润留存		
在建工程			年度净利		
固定资产合计			所有者权益合计		
资产总计：			负债和所有者权益总计：		

第六年

企业经营流程 请按顺序执行下列各项操作。	每执行完一项操作，CEO 请在相应的方格内打“√”。 财务总监（助理）在方格中填写现金收支情况。			
年度规划会议				
参加订货会/登记销售订单				
制订年度计划				
支付应付税				
季初现金盘点（请填余额）				
更新短期贷款/还本付息/申请短期贷款（高利贷）				
更新应付款/归还应付款				
原材料入库/更新原料订单				
下原料订单				
更新生产/完工入库				
投资新生产线/变卖生产线/生产线转产				
向其他企业购买原材料/出售原材料				
开始下一批生产				
更新应收款/应收款收现				
出售厂房				
向其他企业购买成品/出售成品				
按订单交货				
产品研发投资				
支付行政管理费				
其他现金收支情况登记				
支付利息/更新长期贷款/申请长期贷款				
支付设备维护费				
支付租金/购买厂房				
计提折旧				（ ）
新市场开拓/ISO 资格认证投资				
结账				
现金收入合计				
现金支出合计				
期末现金对账（请填余额）				

现金预算表

	1	2	3	4
期初库存现金				
支付上年应交税				
市场广告投入				
贴现费用				
利息（短期贷款）				
支付到期短期贷款				
原料采购支付现金				
转产费用				
生产线投资				
工人工资				
产品研发投资				
收到现金前的所有支出				
应收款到期				
支付管理费用				
利息（长期贷款）				
支付到期长期贷款				
设备维护费用				
租金				
购买新建筑				
市场开拓投资				
ISO 认证投资				
其他				
库存现金余额				

要点记录

第一季度：________________

第二季度：________________

第三季度：________________

第四季度：________________

年底小结：________________

____

订单登记表

订单号											合计
市场											
产品											
数量											
账期											
销售额											
成本											
毛利											
未售											

产品核算统计表

	P1	P2	P3	P4	合计
数量					
销售额					
成本					
毛利					

综合管理费用明细表

单位：百万元

项　目	金　额	备　　注
管理费		
广告费		
保养费		
租　金		
转产费		
市场准入开拓		□区域　□国内　□亚洲　□全球
ISO 资格认证		□ISO9000　□ISO14000
产品研发		P2（　）　P3（　）　P4（　）
其　他		
合　计		

利润表

项　　目	上 年 数	本 年 数
销售收入		
直接成本		
毛利		
综合费用		
折旧前利润		
折旧		
支付利息前利润		
财务收入/支出		
其他收入/支出		
税前利润		
所得税		
净利润		

资产负债表

资　　产	期初数	期末数	负债和所有者权益	期初数	期末数
流动资产：			负债：		
库存现金			长期负债		
应收账款			短期负债		
在制品			应付账款		
产成品			应交税费		
原材料			一年内到期的长期负债		
流动资产合计			负债合计		
固定资产：			所有者权益：		
土地和建筑			股东资本		
机器与设备			利润留存		
在建工程			年度净利		
固定资产合计			所有者权益合计		
资产总计：			负债和所有者权益总计：		

附录 B 生产计划及采购计划

表 B-1 生产计划及采购计划编制举例

生产线		第一年				第二年				第三年			
		第一季度	第二季度	第三季度	第四季度	第一季度	第二季度	第三季度	第四季度	第一季度	第二季度	第三季度	第四季度
1 手工	产品			P1			P1					P2	P2
	材料		R1										
2 手工	产品		P1			P1							
	材料	R1			R1								
3 手工	产品	P1			P1								
	材料												
4 半自动	产品		P1		P1								
	材料	R1											
5	产品												
	材料												
……	产品												
	材料												
合计	产品	1P1	2P1	1P1	2P1								
	材料	2R1	1R1		1R1								

表 B-2　生产计划及采购计划编制（1~3 年）

生产线		第一年				第二年				第三年			
		第一季度	第二季度	第三季度	第四季度	第一季度	第二季度	第三季度	第四季度	第一季度	第二季度	第三季度	第四季度
1	产品												
	材料												
2	产品												
	材料												
3	产品												
	材料												
4	产品												
	材料												
5	产品												
	材料												
6	产品												
	材料												
7	产品												
	材料												
8	产品												
	材料												
合计	产品												
	材料												

表 B-3　生产计划及采购计划编制（4~6 年）

生产线		第四年				第五年				第六年			
		第一季度	第二季度	第三季度	第四季度	第一季度	第二季度	第三季度	第四季度	第一季度	第二季度	第三季度	第四季度
1	产品												
	材料												
2	产品												
	材料												
3	产品												
	材料												
4	产品												
	材料												
5	产品												
	材料												
6	产品												
	材料												
7	产品												
	材料												
8	产品												
	材料												
合计	产品												
	材料												

附录 C　开工计划

产品	第一年				第二年				第三年			
	第一季度	第二季度	第三季度	第四季度	第一季度	第二季度	第三季度	第四季度	第一季度	第二季度	第三季度	第四季度
P1												
P2												
P3												
P4												
人工付款												

产品	第四年				第五年				第六年			
	第一季度	第二季度	第三季度	第四季度	第一季度	第二季度	第三季度	第四季度	第一季度	第二季度	第三季度	第四季度
P1												
P2												
P3												
P4												
人工付款												

产品	第七年				第八年				第九年			
	第一季度	第二季度	第三季度	第四季度	第一季度	第二季度	第三季度	第四季度	第一季度	第二季度	第三季度	第四季度
P1												
P2												
P3												
P4												
人工付款												

附录 D 采购及材料付款计划

产品	第一年				第二年				第三年			
	第一季度	第二季度	第三季度	第四季度	第一季度	第二季度	第三季度	第四季度	第一季度	第二季度	第三季度	第四季度
R1												
R2												
R3												
R4												
材料付款												

产品	第四年				第五年				第六年			
	第一季度	第二季度	第三季度	第四季度	第一季度	第二季度	第三季度	第四季度	第一季度	第二季度	第三季度	第四季度
R1												
R2												
R3												
R4												
材料付款												

产品	第七年				第八年				第九年			
	第一季度	第二季度	第三季度	第四季度	第一季度	第二季度	第三季度	第四季度	第一季度	第二季度	第三季度	第四季度
R1												
R2												
R3												
R4												
材料付款												

附录 E　市场预测（物理盘）

这是由一家权威的市场调研机构对未来六年里各个市场的需求所做的预测，应该说这一预测有着很高的可信度。根据这一预测进行企业的经营运作，其后果将由各企业自行承担。

P1 产品是目前市场上的主流产品，P2 是 P1 的技术改良产品，也比较容易获得大众的认同。P3 和 P4 产品作为 P 系列产品里的高端产品，各个市场对他们的认同度不尽相同，需求量与价格也会有比较大的差异。

本地市场将会持续发展，客户对低端产品的需求可能要下滑。伴随着需求的减少，低端产品的价格很有可能会逐步走低。后几年，随着高端产品的成熟，市场对 P3、P4 产品的需求将会逐渐增大。同时，随着时间的推移，客户的质量意识将不断提高，后几年可能会对厂商是否通过了 ISO9000 认证和 ISO14000 认证有更多的要求。

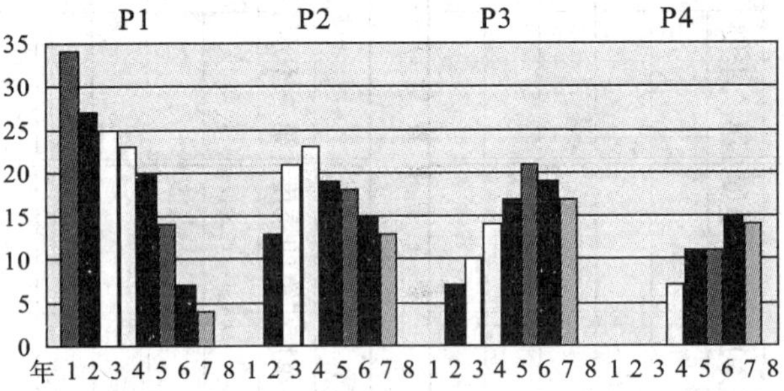

本地市场P系列产品需求量预测

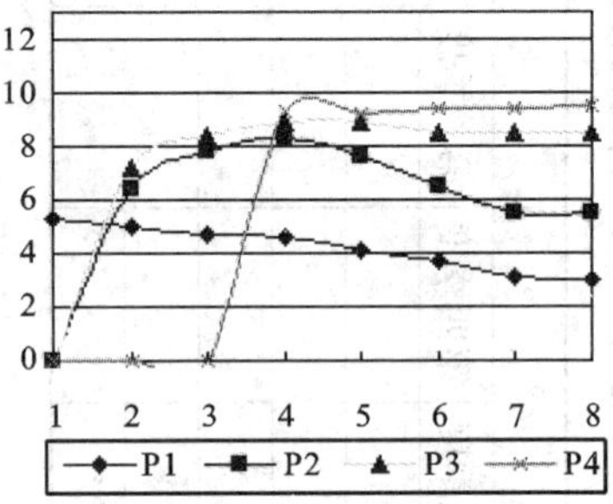

本地市场产品价格预测

区域市场的客户对 P 系列产品的喜好相对稳定，因此市场需求量的波动也很有可能会比较小。因其紧邻本地市场，所以产品需求量的走势可能与本地市场相似，价格趋势也应大致相同。该市场的客户比较乐于接受新的事物，因此对于高端产品也会比较有兴趣。但由于受到地域的限制，该市场的需求总量非常有限，并且这个市场的客户相对比较挑剔，因此在后几年客户会对厂商是否通过了 ISO9000 认证和 ISO14000 认证有较高的要求。

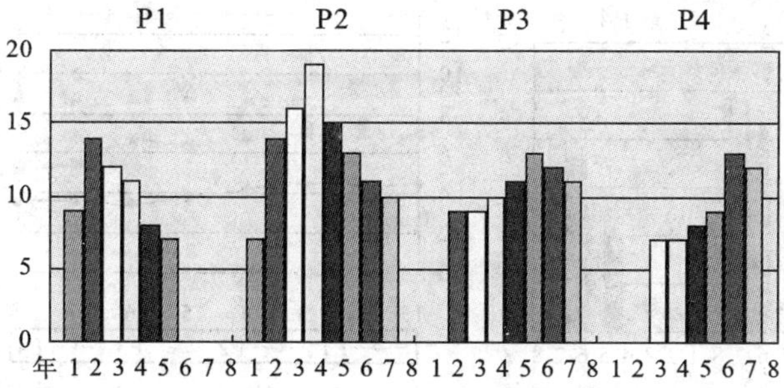

区域市场P系列产品需求量预测

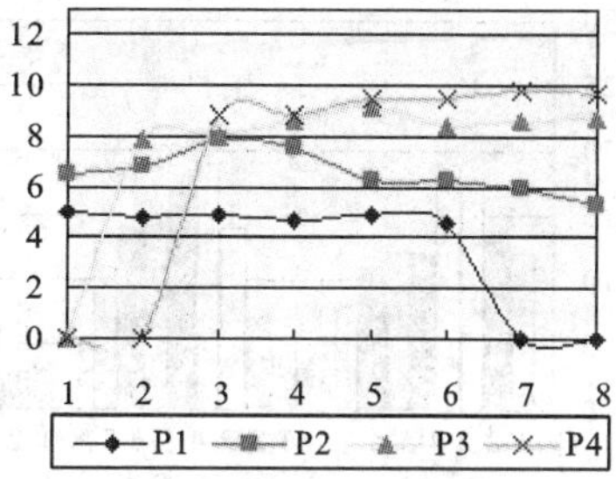

区域市场产品价格预测

因P1产品带有较浓的地域色彩，估计国内市场对P1产品不会有持久的需求。但因为P2产品更适合国内市场，所以对P2产品的需求会一直比较平稳。随着对P系列产品新技术的逐渐认同，估计国内市场对P3产品的需求会发展较快，但这个市场上的客户对P4产品却并不是那么认同。当然，对于高端产品来说，客户一定会更注重产品的质量保证。

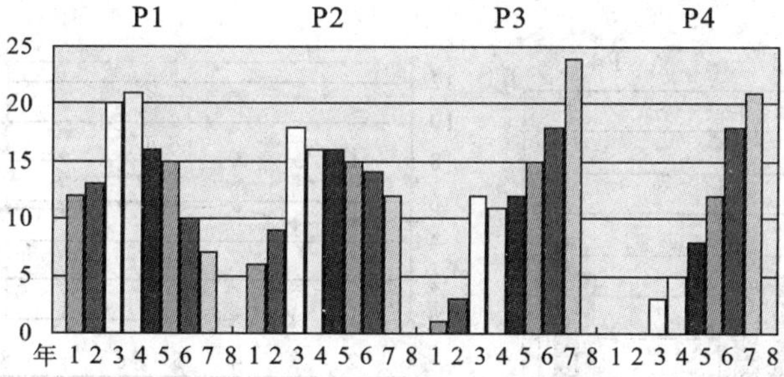

国内市场P系列产品需求量预测

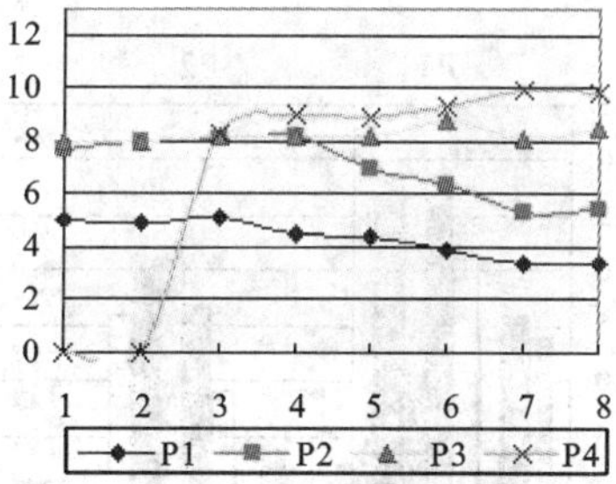

国内市场产品价格预测

亚洲市场上的客户喜好一向波动较大，不易把握，所以对P1产品的需求可能起伏较大，估计P2产品的需求走势也会与P1相似。同时，由于该市场对新产品很敏感，所以估计对P3、P4产品的需求会发展较快，价格也比较贵。另外，这个市场的消费者很看重产品质量，所以在今后几年里，如果厂商没有通过ISO9000认证和ISO14000认证，其产品可能很难销售。

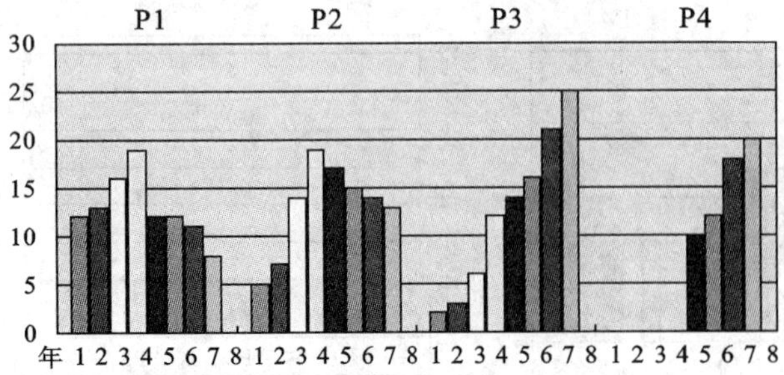

亚洲市场P系列产品需求量预测

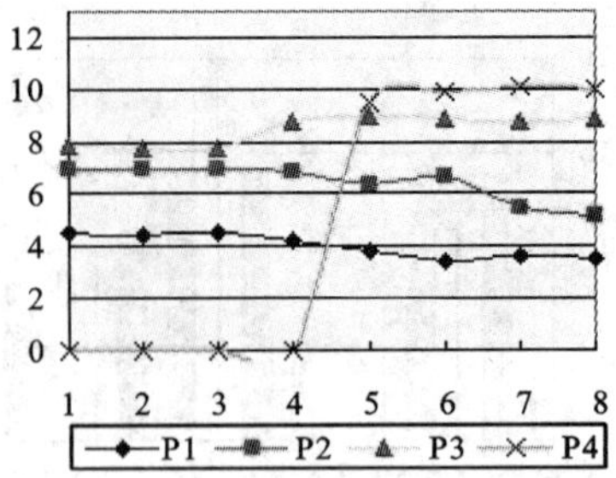

亚洲市场产品价格预测

P 系列产品进入国际市场可能需要花费较长的时间。有迹象表明，目前这一市场上的客户对 P1 产品已经有所认同，需求也会比较旺盛。对于 P2 产品，客户将会谨慎地接受，但仍需要一段时间。对于新兴的技术，这一市场上的客户将会持观望的态度为主，因此对于 P3 和 P4 产品的需求将会发展极慢。因为产品需求主要集中在低端，所以客户对于 ISO 的要求并不如其他几个市场那么高，但也不排除在后期会有这方面的需求。

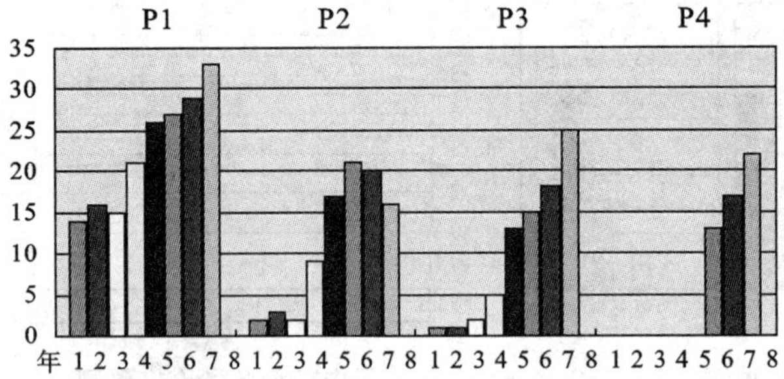

国际市场P系列产品需求量预测

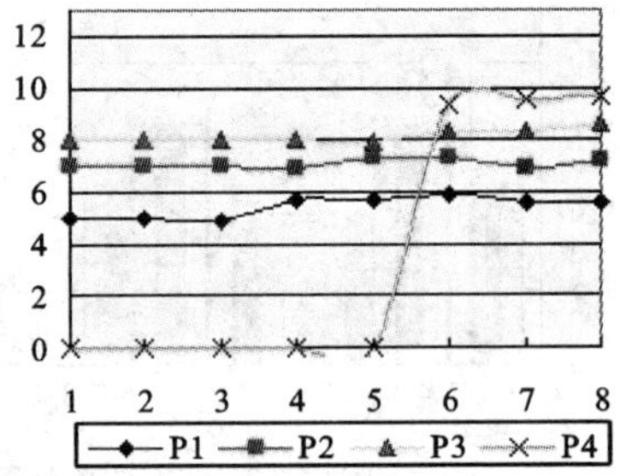

国际市场产品价格预测

附录 F 市场预测（创业者电子盘）

本地市场将会持续发展，对低端产品的需求可能要下滑，伴随着需求的减少，低端产品的价格很有可能走低。后几年，随着高端产品的成熟，市场对 P3、P4 产品的需求将会逐渐增大。由于客户对质量意识的不断提高，后几年可能对产品的 ISO9000 和 ISO14000 认证有更多的需求。

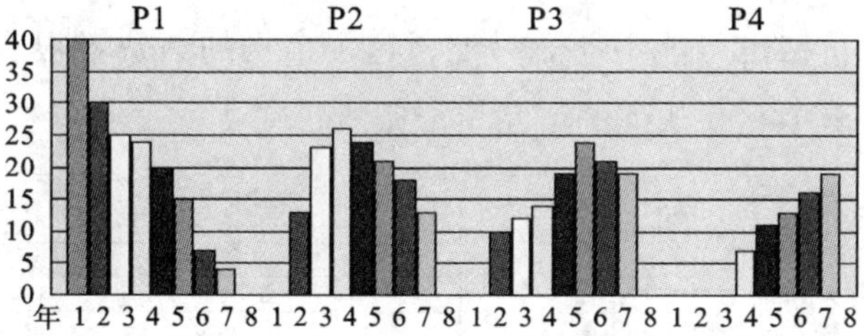

本地市场P系列产品需求量预测

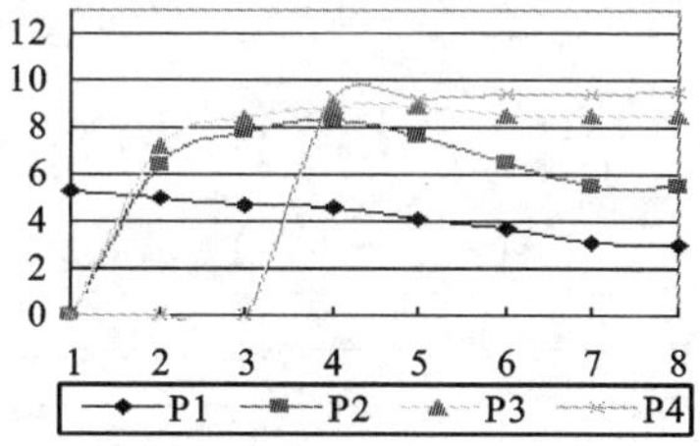

本地市场产品价格预测

区域市场的客户相对稳定，对 P 系列产品需求的变化很有可能比较平稳。因紧邻本地市场，所以产品需求量的走势可能与本地市场相似，价格趋势也应大致一样。该市场容量有限，对高端产品的需求也可能相对较小，但客户会对产品的 ISO9000 和 ISO14000 认证有较高的要求。

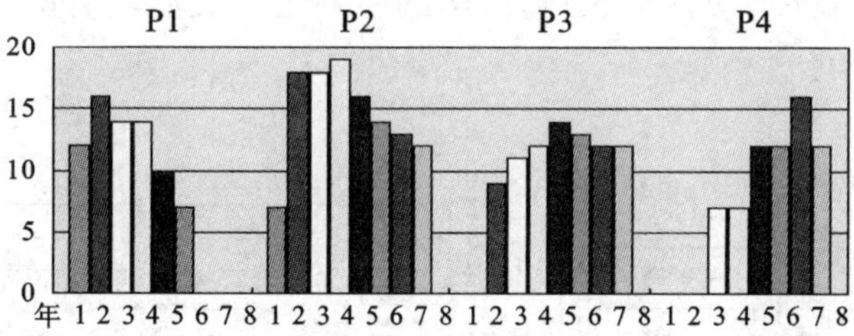

区域市场P系列产品需求量预测

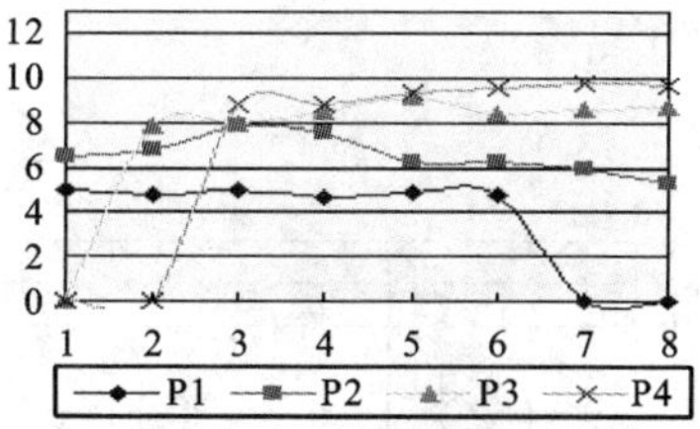

区域市场产品价格预测

因 P1 产品带有较浓的地域色彩，估计国内市场对 P1 产品不会有持久的需求。但因 P2 产品更适合国内市场，估计对 P2 产品的需求一直比较平稳。随着对 P 系列产品的逐渐认同，估计国内市场对 P3 产品的需求会发展较快。但对 P4 产品的需求就不一定像 P3 产品那样旺盛了。当然，对高价值的产品来说，客户一定会更注重产品的质量认证。

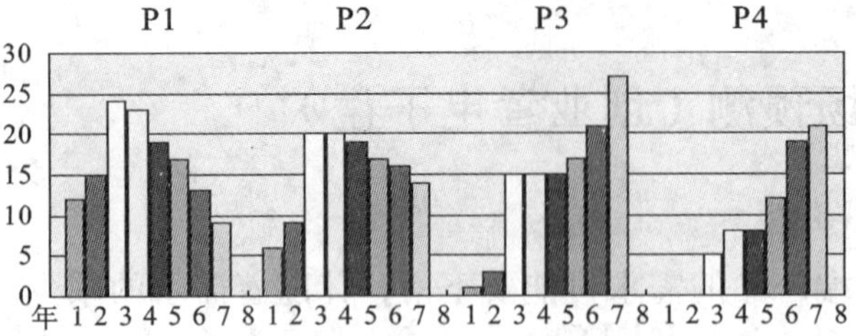

国内市场P系列产品需求量预测

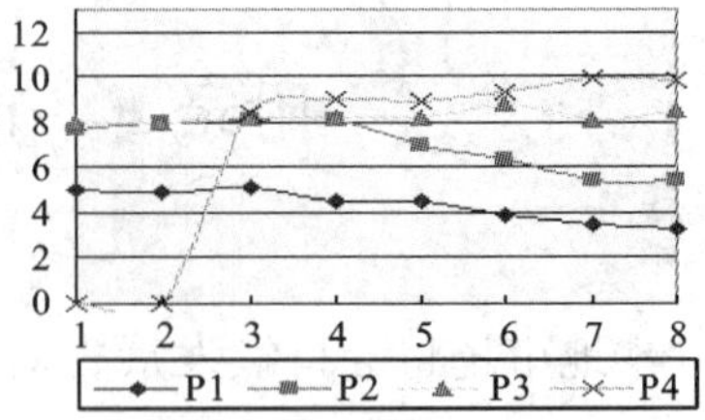

国内市场产品价格预测

亚洲市场上的客户喜好一向波动较大，所以对 P1 产品的需求可能起伏较大，估计对 P2 产品的需求走势与 P1 相似。同时，由于该市场对新产品很敏感，所以估计对 P3、P4 产品的需求量会发展较快，价格也可能不菲。另外，这个市场的消费者很看中产品的质量，所以没有 ISO9000 和 ISO14000 认证的产品可能很难销售。

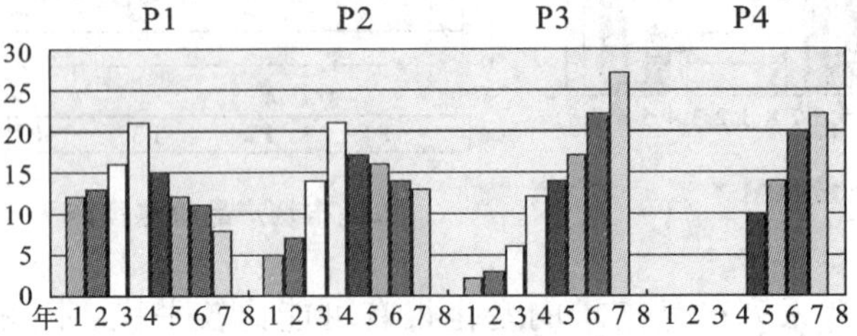

亚洲市场P系列产品需求量预测

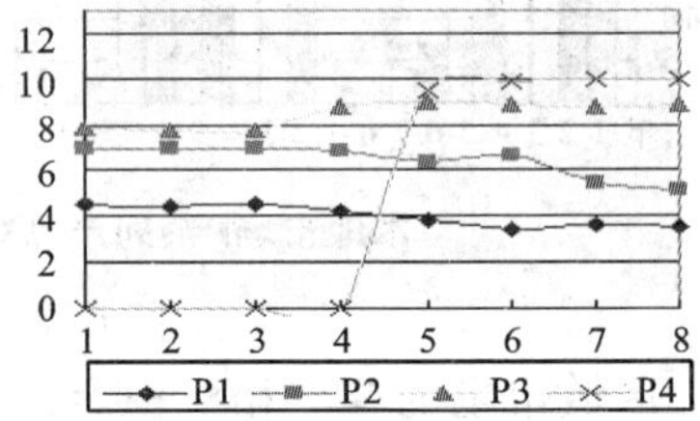

亚洲市场产品价格预测

P 系列产品进入国际市场可能需要花费较长的时间。有迹象表明，该市场对 P1 产品已经有所认同，但还需要一段时间才能完全接受。同样，该市场对 P2、P3 和 P4 产品也会很谨慎地接受，且需求发展较慢。当然，国际市场的客户也会关注具有 ISO 认证的产品。

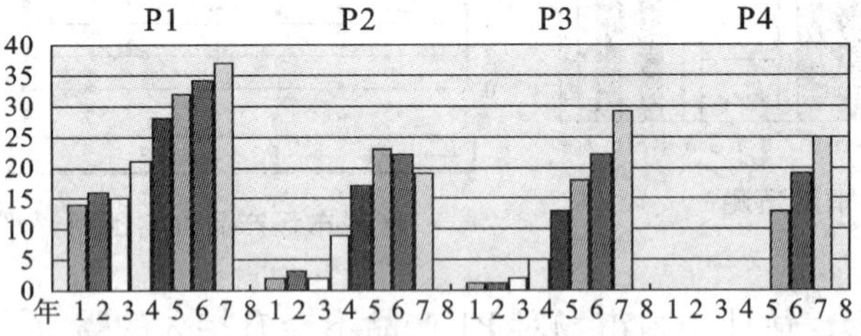

国际市场P系列产品需求量预测

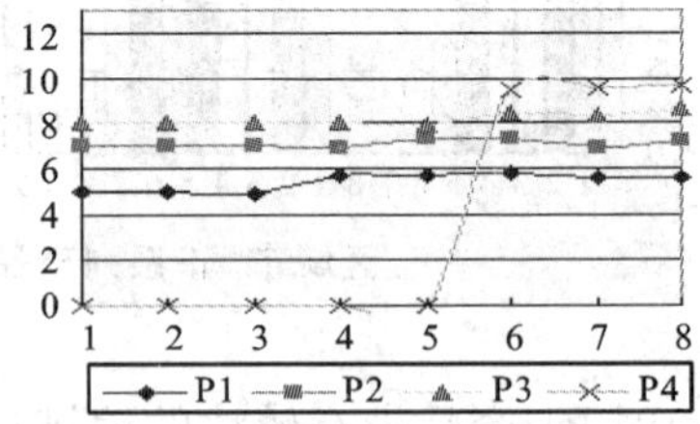

国际市场产品价格预测

附录G　分组竞单表

（　　　）组

第一年

本地						区域						国内						亚洲						国际					
产品	广告	单额	数量	9K	14K	产品	广告	单额	数量	9K	14K	产品	广告	单额	数量	9K	14K	产品	广告	单额	数量	9K	14K	产品	广告	单额	数量	9K	14K
P1																													
P2																													
P3																													
P4																													

第二年

本地						区域						国内						亚洲						国际					
产品	广告	单额	数量	9K	14K	产品	广告	单额	数量	9K	14K	产品	广告	单额	数量	9K	14K	产品	广告	单额	数量	9K	14K	产品	广告	单额	数量	9K	14K
P1																													
P2																													
P3																													
P4																													

第三年

本地						区域						国内						亚洲						国际					
产品	广告	单额	数量	9K	14K	产品	广告	单额	数量	9K	14K	产品	广告	单额	数量	9K	14K	产品	广告	单额	数量	9K	14K	产品	广告	单额	数量	9K	14K
P1																													
P2																													
P3																													
P4																													

第四年

本地						区域						国内						亚洲						国际					
产品	广告	单额	数量	9K	14K	产品	广告	单额	数量	9K	14K	产品	广告	单额	数量	9K	14K	产品	广告	单额	数量	9K	14K	产品	广告	单额	数量	9K	14K
P1																													
P2																													
P3																													
P4																													

第五年

本地						区域						国内						亚洲						国际					
产品	广告	单额	数量	9K	14K	产品	广告	单额	数量	9K	14K	产品	广告	单额	数量	9K	14K	产品	广告	单额	数量	9K	14K	产品	广告	单额	数量	9K	14K
P1																													
P2																													
P3																													
P4																													

第六年

本地						区域						国内						亚洲						国际					
产品	广告	单额	数量	9K	14K	产品	广告	单额	数量	9K	14K	产品	广告	单额	数量	9K	14K	产品	广告	单额	数量	9K	14K	产品	广告	单额	数量	9K	14K
P1																													
P2																													
P3																													
P4																													